KB274855

왕초보를 위한
한국형
주식재테크

왕초보를 위한 한국형 주식재테크

남궁덕 글 | 길문섭 그림

한국경제신문

추천의 글

●●● 요즘 각 리서치기관과 언론사의 설문조사에서 주식은 2007년부터 유망한 재테크 순위 1위에 올라 있다. 사람들은 주식투자를 도박이나 위험한 물건쯤으로 생각하지만, 조금만 눈을 크게 뜨고 들여다보면 주식은 안전하면서도 고부가가치를 안겨주는 상품임을 알 수 있다. 요즘에는 다양한 상품들이 쏟아져 나오고 있어 얼마든지 안전하게 주식투자에 임할 수 있다. 그런 의미에서 이 책은 주식을 전혀 몰랐던 사람들도 쉽고 재미있게 주식을 이해하도록 돕고 있어, 초보자들에게 친절한 안내서가 될 것이다. '주식부터 사고 보자'는 지나친 자신감을 잠시 자제하고 일단 이 책부터 정독하면서 주식의 허와 실을 간파한다면, 훌륭한 투자자로의 첫발을 잘 내딛게 되리라 확신한다.

최현만 미래에셋증권 사장

●●● 투자자금은 우리 몸의 피와도 같다. 피와도 같은 이런 투자자금을 철저한 분석 없이 투자하는 분들을 보면 여간 걱정이 되는 게 아니다. 부자들은 10원도 아낀다는 말이 있다. 이 말은 투자에도 적용되는데, 부자들은 10원을 투자할 때도 고민을 거듭하고 철저하게 분석한다. 이미 부자가 된 사람들도 고민에 고민을 거듭하는데, 하물며 초보들이야 더 말해서 뭐하겠는가. 애널리스트 등 전문가들의 말도 참조해야겠지만, 스스로 무장하지 못한 사람은 한두 번의 성공은 있을 수 있어도 지속적인 성공은 보장할 수 없다. 아니, 오히려 언젠가는 크게 낭패를 보게 될 것이다. 다른 재테크로 크게 재미를 봤던 사람이라 할지라도 이제 처음 주식을 시작하거나 그동안 기초 지식조차 없이 투자에 임했던 투자자라면 꼭 한번 읽어보라. 이 책이 무모한 투자자들에게 올바른 길을 제시하는 책으로 남기를 바란다.

김석규 교보투자신탁운용 사장

●●● "주식은 어렵다. 잘못하면 완전히 망한다." 주식에 대해 설명하면 일반인들은 이렇게 대답하기 일쑤다. 그러면서도 주식으로 부자 된 사람들을 부러워하고, 좋은 물건이 없는지 귀띔해 달라고 아우성이다. 아이러니가 아닐 수 없다. 아마도 돈은 벌고 싶지만, 자신도 없고, 공부도 하기 싫은 사람들의 넋두리쯤이 아닐까. 하지만 말을 조금만 바꿔보자. "주식은 어렵지 않고 잘하면 부자가 될 수 있다." 이 말이 정답이다. 더 이상 월급만 모아서는 제대로 된 집 한 채도 사기 힘든 시대다. 재테크에 눈을 뜨지 못하면 부자는커녕 지금보다 아래로 추락할 수도 있다. 자! 그렇다면 주식을 잘하려면 무엇부터 해야 할까. 공부밖에 없다. 열심히 공부하면 투자의 눈도 뜨이고, 남들이 못 보는 세상도 볼 수 있다. 그러면 어떤 책을 먼저 봐야 할까. 바로 이 책《한국형 주식 재테크》다. 이 책으로 먼저 주식과 친해지는 일이 초보자들에겐 순서일 듯하다.

박경철 《시골의사의 부자경제학》의 저자

●●● 주식을 이렇게 쉽게 설명할 수 있다니 놀라울 따름이다. '주식' 하면 어렵고 복잡한 차트와 표부터 생각나게 마련인데, 이 책은 그런 어려운 과정을 과감히 생략하고도 효과적으로 주식투자법을 알려주고 있다. 이 책을 보면서 '주식도 알고 보면 재미도 있고, 생각만큼 어려운 게 아니구나' 하는 생각에 주식이 보다 친근하게 다가왔다. 간혹 경제관련 프로그램을 진행하게 되는데 주식을 이해하는 데 많은 도움이 되었다. 요즘에는 연예인들 사이에서도 재테크 붐이 일고 있다. 모 연예인은 동료 연예인들에게 재테크 훈수를 놔주기로 유명한데, 덕분에 연예인들 사이에서 인기가 높다. 사회가 발전하고 부자들이 늘어나면서 그만큼 돈에 대한 관심이 많아졌다는 증거일 것이다. 하지만 욕심만 낸다고 돈이 모이지는 않을 것이다. 무엇보다 어떻게 실천하느냐가 중요할 텐데, 길잡이로 이 책을 삼는 게 어떨까.

여러분도 모두 부자 되세요!

이윤석 개그맨

예로부터 우리나라 사람들은 음주가무를 즐겼다고 한다. 그러나 술 냄새만 맡아도 취하는 사람에게 음주란 즐거움이 아니라 괴로움일 터다. 노래와 춤도 그렇다. 남의 손에 끌려 억지로 노래방에 가야만 하는 음치는 도살장에 끌려가는 소의 심정을 느낄지도 모를 일이다.

고전 무용이든 살사 댄스든 디스코든, 기본 리듬과 스텝을 배우지 않고서는 제대로 춤을 출 수 없다. 흥겨움을 몸으로 표현하도록 훈련받지 않은 사람에게 춤은 고역이다. 서로의 호흡이 잘 맞아야 하는 춤에선 자칫 파트너의 즐거움까지 빼앗을 수 있다.

재미있게 즐기려면 배워야 한다. 그것도 기본과정과 고급과정이 따로 있다. 기본과정은 그야말로 기초적인 것, 이를테면 노래의 경우 박자와 리듬이다. 고급과정은 강약조절과 자기고유의 발성법 등을 개발하는 훈련이다. 이렇게 기본훈련을 받은 사람은 자기 수준에 대한 반성은 물론 외부의 평가를 겸허하게 받아들일 수 있다. '나의 생각'과 '세상의 생각'을 비교하고 조율하는 능력이 생긴다. 이 때 비로소 사람들과 '사교(社交)'할 수 있는 수준에 오를 수 있다.

하루에도 수없이 쪽박을 찬다는 개인투자자에게 필요한 것은 주식시장에서 큰돈을 버는 것보다는 살아남는 길을 터득하는 것이다. 즉 생존방정식을 배워야 한다. 생존방정식에는 비밀이 없다. 대박을 터뜨린 소수의 선택받은 사람에게도 대박의 '비밀'은 따로 없다. 마술사는 멋진 표정연기와 유연한 손놀림으로 청중을 사로잡는다. 그렇지만 그 이면에는 몇몇 기본기가 숨어 있을 뿐이다. 겉으론 화려하고 거창하지만, 마술은 그저 사람의 눈과 상상력을 현혹하는 속임수 놀이일 뿐이다.

주식시장에서 살아남는 길은 하루 빨리 '마술'에서 깨어나는 것이다. 많은 사람들이 돈을 버는 것 같지만 실제로 큰돈을 버는 사람은 많지 않다. 주식시장은 '제로섬(zero-sum) 게임'이다. 필자가 알려주고 싶은 건 "최소한의 리듬과 박자를 배운 다음 주식시장에 참여하라"는 것이다. 기본기를 갖추지 않고 덤비면 바로 '왕따'를 당한다. 주식은 자신을 사랑하지 않는 투자자에게 자선을 베풀 만큼 따뜻하지도, 미련하지도 않기 때문이다.

이 책은 자금력과 정보력, 투자경험 등이 부족한 개미들이 주식시장에서 살아남을 수 있는 방안을 조언하는 데 초점을 맞췄다. 골프의 핵심은 스윙이라고 하지 않던가. 자신의 투자원칙을 만들고 로봇처럼 그것을 지키는 사람이 성공할 확률이 높다. 실제로 펀드매니저들은 많은 책을 읽는다. 그리고 책 속에서 얻은 영감을 포트폴리오를 미세 조정하는 데 활용한다. 변화의 한복판에서 살아남기 위해서는 나 아닌 다른 사람들의 생각이 중요하다. 실전은 책의 이론과 크게 다르다. 그렇지만 시장을 읽는 몇몇 힌트와 그걸 해석하는 방법을 독자들에게 꼭 전달하고픈 게 필자의 소박한 바람이다.

처음 주식투자에 나서는 사람들은 우선 시장의 관찰자로 출발하는 게 좋다. 큰 그림이 어떻게 그려지고, 시장 참여자들은 어떤 신호를 따라 움직이는지를 깨우치는 게 중요하다. 아파트를 살 때도 먼저 원하는 지역을 샅샅이 훑어 본 뒤에야 적정 가치를 대략 파악할 수 있다. 그래야 브로커들이 "이거 급매물로 나왔습니다"고 '사자'를 권유해도 "그건 아닌데"라고 반론을 펼 수 있다. 이 책은 주식투자에 나서는 초보자들이 큰 그림을 그리는 데 도움을 줄 것으로 믿는다.

책의 출간에 앞서 한경닷컴에 연재되면서 네티즌들의 큰 호응을 받았던 점은 필자에겐 가슴 벅찬 즐거움이었다. 책을 만드는 일은 고귀한 일이다. 고귀한 일에 혼신을 다해주신 길문섭 화백과 한경BP와 한경닷컴 관계자들에게 감사의 말씀을 전한다.

차례

PART 01
배고프다고 아무거나 먹지 말자
좋은 주식을 고르는 법

P·A·R·T

주식한다는 사람은 꼭 알아야 할
증시지표와 뉴스 읽는 법

P · A · R · T
01

배고프다고 아무거나 먹지 말자
좋은 주식을 고르는 법

재무팀의
이대리!

여기는 귀여운
우리 처제!

아주 잘
어울리는
한 쌍이군!

안녕하세요?
정말
미인이시군요.

전 미국에서
MBA를 마쳤어요.
학교는...?
……

집은 강남에
있어요.
집값이 많이
올랐지요.
집은
어디..?
.....

차는 BMW인데,
이젠 좀 식상해요.
차는..?
.....

경기도 양평에는
별장도 있는데
시간되면
놀러
가시죠.

뭐,이런 게
다 있어?
네 엄마하고 가!
우씨~
헉

형부! 이게 뭐예욧!
잘난체 들다가
체하겠어요.

그..그럴리가
없는데,
내가 잘못봤나!
&#%$@

처제,미안해!
내가 더 좋은 사람
소개시켜줄게.

역시 사람은
겉만 봐선
알 수 없군.
사람에게는 겉모습이 아니라
속마음이 중요한 것처럼
주식도 겉만 봐서 고르면
큰 낭패를 봅니다. 주식을
사기 전 알짜배기 회사인지
다시 한번 확인하세요.

겉만 보고는 좋은 종목을 고를 수 없다

지난 2000년에 〈캐스트 어웨이Cast away〉라는 영화가 국내에서 개봉된 적이 있다. 이 영화는 택배업체 직원인 톰 행크스Tom Hanks가 사고로 무인도에서 고립된 생활을 하며 인간 내면의 변화를 겪게 된다는 내용을 담고 있다.

처음 무인도에 던져진 주인공은 열대과일로 갈증을 해소하려고 하지만 오히려 거친 껍데기에 손을 베이기 일쑤다. 어찌 보면 열대과일은 향기롭고 맛좋은 속을 감추려고 거친 껍데기로 자신을 꼭꼭 감싸고 있는 것 같다. 부드럽고 말랑거리는 속살과는 반대로 딱딱한 외형을 하고 있어 사람들을 오해하게 하기도 한다.

맛있는 과일을 고르기가 갈수록 어려워지고 있다. 속성과 숙성 기술이 나날이 발달하면서 겉만 봐선 다른 점을 쉽게 구별할 수 없게 되었다. 열대과일처럼 속을 감추는 위장술이 발달한 것으로 보일 정도다. 마찬가지로 주식시장에서 좋은 종목을 고르기란 쉬지 않다.

새로운 업종이 출현하면서 과거의 잣대로 종목을 고르는 것은 그다지 큰 의미가 없기 때문이다. 특히 서비스산업의 부가가치가 올라가고 상대적으로 제조업의 부가가치가 떨어지면서 ‘소유의 종말’을 이야기하는 학자들도 나타나고 있다. 한동안 ‘딴따라’라고 폄하되었던 연예 관련 회사가 새롭게 각광받고 있는 것도 이 때문인지 모른다. 그래서 엔터테인먼트 테마가 형성될 정도로 하나의 종목군이 만들어지면서 연예인들의 해외진출이나 영화의 흥행성적에 따라 등락을 반복하기도 한다.

폭넓은 문화적 체험, 이른바 ‘콘텐츠’를 파는 사업이 ‘화수분’으로 부각되고 있다. 건강, 스포츠와 게임, 음악, 영화 등이 그 대표적인 분야다. 시장에서는 이 같은 주식들이 떼 지어 움직이고 있다.

이처럼 겉만 봐서는 화려해 보이지 않는 주식도 조금만 자세히 들여다보면 그 안에 진주를 감추고 있는 경우가 많다. 모두가 겉만 화려한 주식에 취해 그쪽으로 몰려갈 때 진정한 고수는 남들이 현재는 관심을 갖지 않지만, 언젠가는 진정한 미인주로 떠오를 종목을 발굴해 저가에 매수를 완료하고, 소위 해 뜰 날을 기다린다. 주식은 현재의 화려함보다는 미래의 가치를 얼마나 잘 예측하느냐에 따라 승부가 갈린다.

애비야!
우리 왔지롱~
깍꿍!
갑자기
어쩐 일이세요?
어허~
말하는 싸가지 봐라!
부모가 자식 찾아 오는데
이유가 필요하냐?

다...다름이
아니라
쿡
쿡

누가 휴대폰을
공짜로 준다기에
가입비만
내고 받았다.

거기다 이걸
팔면 수수료까지
준다는구나.
쉽게 말해서
알바를 하는
거지. 부럽지~
네~?!
갑자기
전봇대로
이빨 쑤시는
말씀을 ~
짜잔 ~
변신

뒤적
뒤적
?
?

그리고 이건
회사가서 모조리
받아 오너라!
에크머니!!
헉
엄마~ 아~

짜잔~
너도 하나,
애미도 하나...
가입 신청서

우리 이제
용돈 필요없다.
이제 우린 부자야!
너 돈 달라고
걸떡거리지마!

최근 들어 노인들을 상대로
휴대폰 사기가 ...수수료를
준다고 속여....가입비를 내고,
정보 이용료를 3년 동안...

뭣이여?!
그럼 이놈들이
사기를... 헉!
엄니...!!
비~틀

이제 우린 망했네.
어이구~ 내 돈!
아,,아버님~
흑..
믿을 만한 회사인지 제대로
확인하셨어야죠. 특히 주식
투자를 할 때에는 회사의
경영 상태를 꼼꼼히 확인하고
투자해야 낭패를 보는 일이
없답니다.

투명경영을 실천하는 기업을 잡아라

 한동안 암소 두 마리에 얽힌 유머 시리즈가 인기를 끌었다.

- 전통적 자본주의＝한 마리를 팔아서 수소를 산다. 소가 불어나고 경제 규모가 커진다.
- 일본 회사＝암소를 다시 디자인해서 크기는 보통 암소의 10분의 1, 우유는 20배 더 만들어내도록 고친다. 또 암소 만화 캐릭터를 만들어서 전세계에 내다 판다.
- 엔론Enron 식 자본주의＝복잡한 거래를 통해 결국 국민들이 수소를 사들이게 한다.

자산의 효과적인 활용을 통해 재테크를 하는 것이 투자의 기본이다. 문제는 눈속임이 횡행하는 그 과정에서 코피를 흘리는 '개미

군단' 이 많아진다는 점이다. 2002년 '엔론 사태' 가 터진 이후 미국은 독립적인 회계감독기구를 만들었고, 우리나라도 회계제도 개혁에 손발을 걷어붙이고 있다. 공정공시와 감사제도(컴플라이언스)가 강화됐고 미국에선 최고경영자CEO의 투명회계서약으로까지 이어졌다.

그 결과 시장의 변동성은 줄어든 반면 안정성이 높아진 것도 부인할 수 없는 현실이다. 기업이익이 중간에 새는 걸 막으면, 훗날 그것은 투자자의 손으로 돌아올 수 있다. 실제로 주주 우선의 투명경영을 실천하는 기업에 매수세가 몰리고 있다. 주주가치에 대해 '나 몰라라' 하는 종목은 '잡주' 에 불과하지 않을까?

이런 '잡주' 에 해당하는 주식의 경우, 자사 주식이 오르면 대주주가 그 틈을 노려 보유 중이던 주식을 내다팔아 폭락을 부채질하는 무책임한 경우도 종종 발생한다. 혹은 주가가 떨어지든 말든 상관하지 않아 주주들에게 막대한 피해를 입히기도 하며, 대주주가 소위 작전 세력들과 짜고 개인투자자들의 피를 빨아먹기도 한다. 반면 주주의 가치를 소중히 여기는 기업은 주주들에게 이익을 투명하게 분배하기 때문에 주주들의 충성도도 높고, 주가가 떨어지면 자금을 투여해 스스로 관리에 나서기도 하기 때문에 주주들에게 신뢰를 준다. 그렇다면 어떤 주식에 투자해야 할까? 대답은 자명하다.

열심히 일한 당신 떠나라!
자 ~ 출발!
모두 나만 믿으라고, 오늘 제대로 구경시켜 줄 테니!
기대 할게요.

빵~
빠~앙
우씨~ 오늘따라 차들이 많네.

아빠! 아직 멀었어요?
이제 거의 다 왔다.

주긴다. 주겨..!
와~ 바다다!

서둘러야겠다. 저 섬에 가면 볼게 더 많지.
우리 아빠 최고!
붕~

그러기에 여행지를 잘 조사하고, 여행시간을 잘 체크했어야죠. 주식투자에서도 수익률과 보유기간을 정하지 않고, 이 종목, 저 종목 마구 산다면 이렇게 낭패를 볼 수 있답니다. 목적지(수익률)과 여행기간(보유기간)을 꼼꼼히 체크하세요.

목적지와 여행기간을
정하라

여행을 자주 다니는 사람은 배낭을 꾸리는 방법
도 남다르다. 넣을까 말까 망설이게 되는 물건은 과감하게 제외하고 꼭 필
요한 것만 챙긴다. 그 중에서도 다양한 용도로 쓸 수 있는 물건에 우선권을
준다. 차고 넘치는 배낭을 지고 다니는 여행은 '고행(苦行)'이 되기 십상이
다. 별 생각없이 넣은 물건은 정작 여행을 마칠 때까지 한번도 쓰지 않고 고
스란히 배낭에 넣은 채 돌아오는 경우도 허다하다.

자신의 '투자 배낭'을 꾸리는 일도 마찬가지다. 욕심을 내서 이 종목, 저
종목 잔뜩 채워 넣으면 뒤탈이 난다. 목적지(수익률)와 여행기간(보유기간)을
정하지 않고 출발한데다 물건(매수 종목)의 용처도 제대로 파악하지
않은 탓이다. 워런 버핏도 이런 말을 한 적이 있다. "25개 이
상의 종목을 보유한 투자자들이 많다. 종목의 수가 많아
서 문제가 되는 건 아니다. 놀라운 건 대부분 기업의 수익
성을 제대로 진단하고 투자하는 종목은 몇 %가 안 된다는

점이다.”

　주가가 조금 오를라 치면 ‘네버 업 네버 인(Never Up, Never In)’을 강조하는 사람이 늘어난다. ‘네버 업 네버 인’은 퍼팅할 때 지나치지 않으면 홀인(hole-in)시킬 수 없다는 뜻이다. 마치 큰 욕심을 부리지 않으면 큰 수익을 낼 수 없다는 메시지를 보내는 셈으로 볼 수 있다. 그렇지만 개미들이 꿈꾸는 ‘대박’은 이루어질 확률이 낮다. 잃지 않는 게 가장 중요하다. 대신 위험을 분산해 놓은 뒤 적정 수익을 도모하면 성공 확률이 높아진다.

　노자(老子)도 “자신을 잔뜩 높이려고 발가락 끝으로 서는 사람은 오래 서 있을 수 없고, 무리하게 보폭을 넓히면 오히려 멀리 갈 수 없다”라고 했다. 상승 장세일수록 리스크 관리가 중요하다.

　장이 상승세로 돌아서면 어떤 주식에 투자해도 수익이 날 것 같은 착각에 빠진다. 그래서 상승장일수록 ‘묻지 마 투자’가 성행한다. 한때 벤처 붐이 일면서 ‘벤처’라는 말만 들으면 기업 분석도 제대로 해보지 않고 일단 주식부터 사고 보는 투자가 유행했다. 그 후 수많은 투자자들이 주식이 반 토막 나면서 깡통을 차게 됐고, 혹은 회사가 부도를 맞아 가진 돈을 몽땅 날리기도 했다. 실적이 받쳐주지 못하는 회사는 주가가 한번 하락세로 돌아서면 걷잡을 수 없이 무너져버린다. 그땐 후회해도 소용이 없다.

　주식을 하려면 장기투자인지, 중기투자인지 여행기간을 먼저 정하고, 이에 맞는 종목(목적지)을 골라야 한다. 비록 대박은 없어도 안정적으로 꾸준히 수익을 줄 주식을 골라보자.

뭐라고요?

그 많은 돈을 갑자기 어디서?

휴~

갑자기 왜 그러세요. 무슨일 있어요?
어머님이 갑자기 돈을 한 달만 쓰신다는데, 액수가 좀 커서...

오늘 따라 컴퓨터가 왜 이리 늦어.
이놈이...

그래, 최팀장님이라면 도와줄거야.

최팀장님 안녕하십니까?
그러니까... 거시기.....!
주저리 주저리

나참 더러워서, 내가 도와준 게 몇 번인데...!
씨벌~
꽝

역시 초등학교 동창밖엔 없죠. 주식 투자자라면 누구나 샴페인을 터뜨리고 싶어하지만 주식도 친구처럼 오래된 것이 좋습니다. 꾸준히 투자자의 마음을 저버리지 않는 주식은 실적이 뒷받침되는 실적주일 것입니다.

초등학교 동창 같은 주식이 강세장을 만든다

어느 날 영국의 한 신문사가 이색적인 공모를 냈다. "영국의 최북단에서 런던까지 가장 빨리 가는 방법은 무엇일까요?" '비행기', '기차', '자동차' 등 여러 가지 안(案)이 나왔다. 그러나 정답은 "좋은 친구와 함께 가는 것"이었다.

좋은 친구란 무엇일까? 만나면 마음이 편해지는 사람이 바로 좋은 친구다. 그래야 속 깊은 고민을 털어놓을 수 있다.

샴페인과 포도주는 같은 원료이면서도 서로 다른 환경에서 성장한 형제라고 할 수 있다. 포도주를 한 번 더 발효시킨 게 샴페인이다. 포도주는 애환이 녹아든 인고(忍苦)의 삶을 상징한다. 반면 샴페인은 '굵고 짧은' 삶을 표현한다. 마개가 빠질 때 나는 '펑' 하는 소리와 함께 부풀어 오르는 거품이 매력적이다.

투자자라면 누구나 자주 샴페인을 터뜨리고 싶

어한다. 그렇지만 주식도 포도주나 친구처럼 오래된 것이 좋지 않을까? "친구와 술은 오래 될수록 좋다"라는 얘기는 숙성을 강조하는 말이다. '숙성'을 쉽게 풀어쓰면 '산전수전'일 것이다. 오랫동안 산전수전을 겪으며 동고동락한 친구가 제일이다.

꾸준히 투자자의 마음을 저버리지 않는 주식은 실적이 뒷받침되는 실적주일 것이다. 평소엔 큰 수익을 보장하지 않더라도 항상 뚝심을 지키면서 호황기에 투자자들에게 선물을 주는 자동차·철강·화학 등 초등학교 동창 같은 주식이 시장의 전면에 나서야 강세장이 형성된다. '오마하의 현인' 워런 버핏은 20~30년 이상 장기 보유하는 종목이 수두룩하다. 웬만해선 '친구'를 버리지 않는 그는 절친한 친구인 마이크로소프트의 빌 게이츠 회장에 이어 전 세계 부자랭킹 2위다. 묘한 인연이다. 인생철학이 같지 않았다면 세대 차이가 나는 두 사람이 절친해지기는 어려웠을 것이다.

깡

와아
와아

이승엽~
이승엽

한국 WBC
준결승전 진출
와~
역시,
이승엽이야!
팀워크도
한몫 했죠.

물론 그것도
빼놓을 수
없는 요인이지.
하지만 감독의
리더십 때문이라는
말도 있던데요.
험~

ㅎㅎㅎ ..
기분
나쁘게
웃네.

기과장님 너무 무리하셨네요. 20대 80의 법칙은 금융자산을 굴리는 데도 적용이 됩니다. 자산증식의 80%는 20%의 투자대상에서 결정되는 것이죠. 술집에서만 투자하지 마시고 주식을 살 때에도 미인주 대열의 선두에 있는 20%에 해당하는 종목을 골라보세요.

고비마다 살아남아 지속적인 상승세를 보이는 주식

마케팅학 교과서를 보면 '20 대 80 법칙'이란 게 있다. 단골고객 20%가 회사 매출의 80%를 올려준다는 것이 '20 대 80' 법칙이다. 이탈리아의 경제학자 빌프레도 파레토(Vilfredo Pareto)는 가장 충성심이 뛰어난 고객이 주변사람에게 제품을 구매하도록 권유한다는 사실을 발견했다. 잘 키운 아들 딸 한 명이 열 아들 부럽지 않다는 얘기다.

금융자산을 굴리는 데도 20 대 80 법칙이 통한다. 자산증식의 80%는 20%의 투자대상에서 결정되게 마련이다. 요즘 한창 떠오르는 부동산 디벨로퍼들이 전하는 그들의 세계도 마찬가지다. 모든 사업 기회에서 성공하기란 쉽지 않다. 한번 성공을 거둘 때 파이를 키워 크게 먹는 것이다. 그래야 마이너스 수익을 내는 것을 상쇄하고 다음을 도모할 수 있다는 것이다. 한 마디로 먹을 수 있을 때 왕창 먹는다는 얘기다.

주식시장의 흐름을 봐도 20%에 속하는 종목이 항상 미인주

대열의 선두에 있는 걸 알 수 있다. "달리는 말이 속도를 더 낸다"라는 식이다. 이른바 '다이 하드(Die Hard)' 주식인 셈이다. 영화 〈다이 하드〉의 주인공처럼 고비마다 살아남아 지속적인 상승세를 보이는 주식을 의미한다.

'다이 하드' 유형이란 제반 이동평균선이 정배열 상태로 접어든 종목을 의미한다. 이들 종목은 대개 20일 이동 평균선을 지지선으로 상승세를 잇는다. 조정을 받은 후에는 'N'자형 반등세를 보인다. 여기서 현혹되지 말아야 할 점이 있다. 그래프는 결과를 말할 따름이라는 사실을 유의하라. '다이 하드' 주식은 '이익을 내면서 지속 성장이 가능하다'는 유전자를 숨기고 있다. 침체장이나 상승장 모두에서 '다이 하드' 주식은 생명력이 길다.

주로 대장주(1등주)라 불리는 이런 주식은 오를 때는 가장 먼저 강하게 올라가고, 떨어질 때는 완만하게 떨어진다. 같은 테마에 속한 2등, 3등주가 1등주의 기침에도 독감에 걸려 시름시름 앓는 것과 비교된다.

06

우리 아들 놀토인데, 어디 가고 싶니?
아빠가 생각해 봤는데,

국립중앙박물관 어때? 죽이지...???
거긴 이미 친구들이랑 다녀왔어요.

아들아! 그럼 식물원은?
짠
거긴 별로 재미없어요.

이번 기회에 농촌체험을 해보는 게 어떠니?
농촌체험!

재미있을 것 같은데요. 우리 농촌체험가요.
거기 가면 고생만 죽어라 하고, 농산물을 비싸게 사든지 해야 할텐데...
내 특별히 같이 가줄다

팜스테이에 오신 걸을 환영합니다.

환장하겠네~
주말에 이게 뭐람.
하이
호호

아이쿠 녀석~
너 참 잘하는
구나.
헤헤..

옛다.
이거 좀 먹고
하거라.
와! 감자다.
감사합니다.

그리고 이건
집에 갈때 꼭
가져가거라.
와~아

오랜만에
땀 흘리고 좋기만
하네요.
제대로 알지도
못하면서...
어쩌구 저쩌구~
자!
출발.
아니, 그런
사람들도
있다는 거지, 뭐.

가장 체면이
말이 아니구나.
기대주 과장님 오늘도
한 건 하셨네요.
내용을 잘 모른다면
좀더 확실히 알아보고
주장하셨어야죠.
주식투자를 할 때에도
자신의 생각만
고집하지 말고,
일반적인 투자자의
생각을 잘 따라보세요.
그럼 좋은 결과가
있을 거예요.

다른 참가자의 생각을 주시하라

존 메이너드 케인스(John Maynard Keynes)는 "주식 투자는 미인 투표다"라는 유명한 말을 남겼다. 그는 주식투자에서 가장 중요한 것은 자신이 아닌 다른 시장 참가자의 생각이며, 일반적인 투자자의 생각을 따르는 게 성공의 지름길이라고 강조했다. 실제로 거래량이 눈에 띄게 늘면서 시장의 관심이 모아지는 종목이 '미인주'가 되곤 한다.

1997년 IMF 금융위기를 맞은 뒤 나락에 빠졌다가 회생에 성공한 우리나라 증시에서는 그동안 미인주의 면면이 바뀌고 있다. 건설 종합상사 등 종전 사람들의 관심이 컸던 주식보다는 '턴 어라운드(turn around)' 주식이라는 스타가 출현했다. 몸집을 줄이거나 체질을 바꾼 그들에게 시장참가자들이 후한 점수를 주고 있는 것이다. 또 '주주 우선'에 발 벗고 나서는 기업도 미인주 반열에 오르고 있다. 왜 이 같은 상황이 벌어질까?

투자자들이 기존의 미인주에 식상한 탓이다. 투자자들은 기존의 미인주가 '소문난 잔치집'에 불과할 뿐이라고 판단한다. 실제로 규모가 크고 오래

된 기업일수록 관심을 기울여야 할 요소들이 많은 편이다. 이런 기업들은 위험신호를 내게 마련인데, 그걸 제대로 파악하지 못하면 나락으로 빠져들 수밖에 없다.

반면에 새롭게 미인주 반열에 오르고 있는 주식은 손때가 묻지 않았다. 상승 시에 매물벽이 얇아 매도 압력을 적게 받는데다 실적도 자랑할 만하다. 자신을 확 뜯어고치면 시장이 달리 봐준다. 사람들은 봄을 좋아하고, 첫 눈 내린 오솔길을 먼저 걷고 싶어한다. 손을 타지 않은 것을 좋아하는 것은 주식시장도 예외가 아니다.

이런 주식은 일단 투자자들이 미래에 대한 기대감을 갖기 때문에 매수세가 강하여 떨어지려고 하면 다시 강한 매수가 들어오고 또 떨어지려고 하면 매수가 밑을 받치고 있다. 이 주식을 사랑하는 사람의 행렬이 꼬리에 꼬리를 무는 셈이다. 그만큼 많은 사람의 관심을 받고 있기 때문에 관심이 관심을 낳는다고 볼 수 있다. 똑같은 미인도 여러 사람의 관심을 받는 미인이 몸값도 비싸지 않겠는가. 이처럼 주식에서는 나 혼자가 아닌, 모두가 미인으로, 그 중에서도 새로 떠오르는 미인으로 인정하는 종목이 시장을 선도하게 마련이다.

북적
북적
시끌 시끌

자! 깜짝 세일이요.
선착순 10명.
장이면 장마다 오는게 아니에요~

우루루..

옹~
슉

잡았다!
나도!
척

내가 먼저 잡았어요.
이 여편네가~ 내가 먼저지.

이미 내손에 있으면 땡겼어. 이아줌마가 어디서 생떼야!
저.. 저기
진정들 하시고..
힘으로 뺏으 갔으면서 이 여편네가
벅신
쟉 신

짠! 성공.
어! 휘! 팍팍~
그 사과 한 봉지가
얼마나 한다고
이 난리야!

당신 월급으로 제대로
사 먹을 수 있는
줄 알아요!
윽,
침까지...
아니, 이 사람이
또 그 소리야!

이렇게 쌀때
사뒀다가
두고두고 먹으면
얼마나 절약이
되는데....
아..알았어.
그만해.
목소리좀 줄여~

자! 마지막 세일
입니다.
뜨
끔

뭐하고
있어요.
뛰지 않고...!
알았어.
알았다구.

이처럼 경기 후퇴기에
좋은 주식을 사 두었다가
경기가 좋아질 때까지
주식을 보유하는 것도
주식투자의 좋은 방법 중
하나라고 할 수 있습니다.

경기 후퇴기에 좋은 주식을
발굴해 경기 확장기까지 보유하라

야구나 축구의 프로리그가 막을 내리면 곧바로 '스토브리그(Stove League)'가 개막된다.

스토브리그는 선수 보강과 이적, 성적에 따른 연봉 재계약 등 다음 한 해를 준비하는 시간이다. 팬들의 관심사는 한 해를 빛낸 스타들의 연봉 재계약에 쏠린다. 요즘엔 일본 프로야구리그에 진출해 있는 이승엽 선수나 유럽 프로축구리그에서 선전하고 있는 박지성, 이영표, 설기현 등의 연봉 협상을 보는 즐거움이 크다. 미국프로야구 메이저리그에서 활약하는 코리안 빅리거의 동향도 뉴스거리다.

그러나 대어(大魚)로 성장할 유망주를 발굴, 내년 시즌의 '히든 카드'로 준비해 두는 작업이 실제로 스토브리그를 뜨겁게 달구는 요인일 것이다. 땀으로 얼룩진 한 해를 마감한 선수들과 구단관계자들이 실제로는 휴식다운 휴식을 취할 수 없는 이유이기도 하다.

많은 프로구단들은 아프리카 변방의 작은 도시에까지 스카우트의 손길을 뻗쳐 꿈나무를 발굴한다. 중량급으로 성장하면 다른 팀으로 트레이드시켜 차익을 챙기기도 한다. '콜로라도 로키즈'의 김병현과 '클리브랜드 인디언스'의 추신수는 스카우터의 입장에서 볼 때 '빈 집에 황소가 들어온' 격일 것이다. 미네소타 트윈스의 에이스 요한 산타나의 경우 다른 팀이 버렸던 선수를 데려와 대박을 터뜨린 케이스다. 메이저리그에서 이런 경우는 심심찮게 볼 수 있다.

주식투자자의 입장에서는 경기 후퇴기에 좋은 주식을 발굴해, 경기 확장기까지 보유하는 게 스토브리그를 효과적으로 보내는 길일 것이다. 정규 시즌이랄 수 있는 상승장과 스토브리그로 볼 수 있는 하락장에서 할 일이 따로 있다는 점을 명심해야 한다. 하락장에서 좋은 종목을 찜해 두면 상승장에서 효자가 될 수 있다. 하락장에 할 일이 더 많을지도 모른다. 그래서 주식시장은 항상 재미있나 보다.

달려라, 달려.
그렇지!
잘한다.
와
와
와

자, 그럼 지금부터
실전에 한번 돌입
해볼까?
의
기
양
양

재미 들리셨네.
신중하게 잘
선택하세요.
물먹지 마시고..
허허. 내 걱정
말고 자네나
잘 고르게.
어떤 말이
좋을까?

제 경험상
추입마를 고르는
것이 좋아요.
그래? 근데
아무래도 선행마가
낫지 않을까?

저래서 어디
달리겠어?
나는 1번에 올인.
그래도 전
저 말에
걸겠어요.

거 봐.
내가 뭐랬어!
두
두
와
와
길고 짧은 건
대봐야 알죠.

앗싸!
일등.
옥!
결국
꼴찌.

하하하.
제 말이 맞죠.
째

다음 경기
아휴~
망했다!

또 다음 경기
으드득..
아니, 왜 이렇게
못 달려!
욕 나온닷.

졸지에
거지됐네.
흑...
헤 헤 ㄹ

김대리, 어느
추입마가 좋을까?
갑자기 약을
드셨나???
쿄쿄쿄..

김대리, 제발
돈 좀 빌려주라.
어~
어,
너무 성급하셨군요.
경마를 재미있게
만드는 건 뒷심이
좋은 추입마입니다.
주식도 마찬가지죠.
처음부터 너무 잘나가는
종목보다는 긴 관점에서
힘차게 추격을 벌일수
있는 추입마를 고를 수
있는 안목을 길러보세요.

뒷심이 센 추입마는
어느 것일까?

경마(競馬)에 출전하는 말들은 그 주행 특성에 따라 선행마(先行馬)와 추입마(追入馬)로 나뉜다. 선행마는 초반 레이스를 주도한다. 그러나 선행마가 끝까지 선두를 지키는 경우는 흔치 않다. 선행마가 매번 1등으로 골인한다면 재산까지 탕진하는 경마광들이 그처럼 많이 양산되진 않을 것이다.

경마를 미치도록 재미있게 만드는 건 뒷심이 좋은 추입마다. 추입마는 중반 레이스까지는 중간 그룹에서 달리다가 막바지에 선두 그룹에 나선 뒤, 최후의 직선주로에서 1등으로 치고 나간다. 통계상 추입마의 승률이 선행마보다 훨씬 높다고 한다. 선행마에 비해 견제를 덜 받으며 페이스 조절을 할 수 있는 게 추입마의 막판 스퍼트에 도움을 준다.

주식시장에서도 수많은 레이스가 벌어진다. 경마의 눈으로 보면 재미있다. 어떤 종목이 추입마일까? 필자의 지인 A씨의 주식투자 경험담을 들어보자.

"지난 1998년부터 틈틈이 아내 몰래 삼성전자 주식을 사들였습니다. 많게는 몇십 주를, 적게는 몇 주를 산 적도 있습니다. 재테크에는 전혀 관심이 없었는데 증권사에 근무하는 친구가 '저축하는 마음'으로 사두라고 권유했습니다. 중간에 가파르게 미끄러지기도 했으나 눈도 꿈쩍하지 않았습니다. 최근 보니까 꽤 많이 올랐더군요. 지금도 팔 생각은 전혀 없습니다. 회사 다닐 동안엔 팔지 않을 겁니다. 은퇴한 뒤 팔아서 골프 회원권이나 하나 살까 합니다. 그래야 친구들이 모여든다고 하더군요."

A씨는 지금 수십억 원의 평가익을 내고 있다. 조급증에 흔들리지 않고, '대박'을 노리지 않은 결과다. 선행마의 꽁무니를 쫓아다니는 것은 개미 군단의 일반적인 매매태도다. 반면 추입마를 선택하는 지혜는 마음의 평온에서 나온다.

아~ 날씨 좋다!
뭐, 재미있는 일
없나….

사람들이 왜
저렇게 몰려 있지?
화분을 파는 것
같은데요.

그래? 나도 한번
가볼까.
먼저 들어가.

5천 원에
두 개씩.
자~ 골라.

저건 얼마죠?
좋아 보이는데….
눈이 높으시네.
1만 원입니다.

가격에 합당한 화초를 사셨어야죠. 주식시장의 상승장에서도 신통치 않은 기업의 주식이 우량주식과 어깨동무를 하며 오름세를 타는 경우가 종종 있답니다.
비싼 가격에 '잡초'를 사 바가지를 쓰는 것이죠. 그러니 증가폭이 적더라도 꼭 실적이 좋은 회사의 주식을 매수하시기 바랍니다.

비싼 가격에 잡초를 사서
바가지를 쓸 수 있다

대세 상승장에서는 기업 내용이 신통치 않은 주식도 우량주식과 어깨동무하며 오름세를 탄다. 따라서 비싼 가격에 '잡초'를 사서 바가지를 쓸 수 있다. 그럴 때는 대개 투자자의 눈이 멀어 재무제표도 제대로 읽지 않고 투자를 결정하는 경우가 허다하다.

반대로 약세장에서는 수익성과 성장성이 좋은 주식도 도매급으로 매를 맞는 경우가 많다. 많은 투자자들이 절망감에 사로잡혀 서둘러 '난초'를 뽑아내기 때문이다.

매입가보다 15~30% 가까이 주가가 떨어질 때 기관이 보유지분을 내다파는 손절매(loss cut)도 '난초'에 집중된다. 좋은 주식은 어느 경우에도 회전이 잘 되기 때문이다. 회사 실적이 좋거나 실적에 비해서 주가가 정당한 대접을 받지 못하는 주식이 난초다. 비록 회사의 실적이 우수하더라도 모두가 좋다고 판단해 이미 주가가 많이 올라 있으면 투자자 입장에서는 썩 좋은 주식이 아니다.

질이 좋은 회사는 지금 장사를 잘 하고 있는 것은 물론, 앞으로도 장사를 잘 할 가능성이 높다. 앞으로 이익이 많이 늘어날 것으로 예상되고, 그 예상이 실제로 이루어질 가능성이 높아야 한다는 얘기다. 예컨대 생명공학 회사는 제품개발에 성공하면 이익이 엄청나게 늘어나지만 성공할 가능성은 낮다는 게 단점이다.

이익 증가폭이 더디더라도 이익을 확실하게 거두는 회사와, 이익이 많이 날 것처럼 보이나 그 가능성이 낮은 기업 중에서 굳이 하나를 골라야 한다면, 앞의 회사를 선택해야 한다. 손절매할 때는 뒤의 회사부터 팔아야 한다.

비록 뒤의 회사가 결과적으로 더 많은 수익을 줄 수도 있지만, 반대로 더 많은 손실을 줄 수도 있기 때문에, 모험을 걸기보다는 안전을 먼저 확보하는 게 좋다. 그리고 실제로 단기적으로 높은 수익을 낸 주식보다는 중장기적으로 꾸준히 오른 주식이 투자자에게 더 많은 수익을 가져다주었다. 그래서 '가치투자'를 그렇게 부르짖는 것이다.

자, 제품에 대한 고객 조사는 되도록 빠른 시간 안에 끝내줘요.
좋은 방법 없을까?
회의실

역시, 직접 나가서 물어보는 게 최고지.

안녕하세요? 한경물산입니다.
탁
바빠요!

그러니까, 이 제품….
품질이 좋은 것 같아요….

자! 그럼 들어가서 정리해볼까.

으흠. 다들 본부장님 지시사항은 끝냈나?
그럼요. 벌써 끝냈죠.

설마, 그냥 대충한 거 아니야?
요즘처럼 인터넷이 발달한 시대에는 식은 죽 먹기죠.

한경커뮤니티, 지식iN…, 올려만 놓으면 다 해결이 돼요

그래? 그런 기능도 있었나….
뭐에요 그건??

근데, 하루 종일 어디 다녀오신 거예요.
으…응?

음~, 거래처에 좀….

기과장님 오늘 제대로 하긴 하셨는데, 인터넷을 이용하면 좀더 쉽다는 사실을 모르셨군요. 주식시장은 거대한 정보시장입니다. 때문에 전광석화 같이 빠른 판단력이 요구됩니다. 최소한의 인터넷 활용법도 모른다면 '컴맹'은 서둘러 시장을 떠나야 할 것입니다.

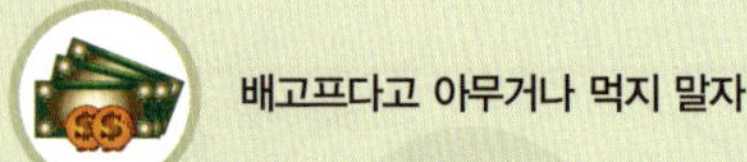

컴맹은 주식시장을
떠나라

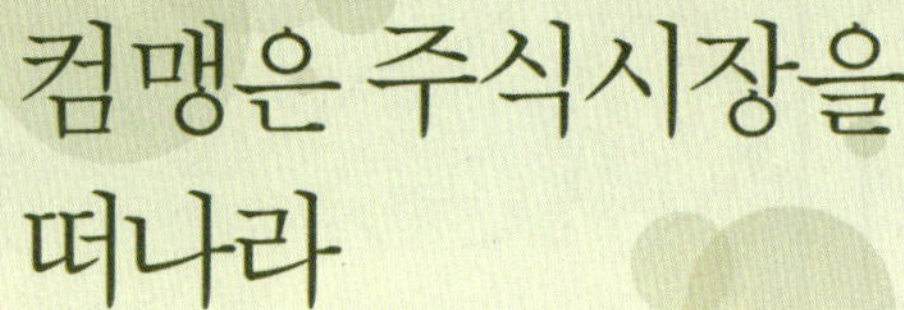

북한이 남쪽에 있는 고정간첩에게 자금 지원을
전면 동결했다는 풍문이 나돈 적이 있다. 고정간첩이 입수하는 첩보의 수준
이 너무 조악해서 필요성을 느끼지 못한다는 설명이 따라붙는다. 사실인지
는 불분명하지만 인터넷이 고정간첩 시대의 종언을 고했다는 사실은 흥미
를 끈다.

사실 인터넷을 통해 주요 정부기관의 홈페이지를 검색하면 웬만한 정보
를 공짜로 얻을 수 있다. 미주알고주알 인물정보에서부터 각 부처의 중요
한 사업계획을 중·장기로 나눠 파악할 수 있다. 각종 최신 통계자료들도
올라와 있다. 최근에는 여론의 반응까지 살펴볼 수 있게 되었다.
경우에 따라서는 쌍방향으로 의견을 교환할 수도 있다. 곰곰이
생각해 보면 고정간첩의 설 자리가 없어질 만하다.

주식시장은 거대한 정보시장이다. 최근에는 '공정공시'라는 이름
으로 세세한 정보까지 투자자에게 전해진다. 반면에 정보생산자와

유통자의 입단속을 강화하는 추세다. 입단속이 강화되는 만큼 정보 수요는 오히려 더 커지고 있다.

손자(孫子)는 "싸우지 않고 적을 굴복시키는 게 최선의 계책"이라고 했다. 특히 공격보다는 방어(수비)가 우선이며 지지 않는 것, 즉 불패(不敗)가 중요하다고 강조한다.

또 다음과 같은 말도 했다.

"승리하는 군대는 먼저 승리할 수 있는 상황을 정해놓고 전쟁을 시작한다. 반면에 패배하는 군대는 전쟁을 일으킨 다음에 승리를 구한다."

시장은 전광석화와 같은 판단력을 요구한다. 적어도 끈 떨어진 '고정간첩' 신세를 면하려면 인터넷 활용법도 모르는 '컴맹'은 서둘러 시장을 떠나야 한다. 워런 버핏도 "잃지 않는 게 첫 번째 투자원칙이고, 첫 번째 투자원칙을 지키는 게 두 번째 투자원칙"이라고 일갈했다. 도사들끼리는 통하는 모양이다.

우리 우량이도 중학생이 되었으니

앞으로는 용돈을 받아쓰도록 하거라.

‘1시간’

‘2시간’

뭐야, 이녀석들.
실컷 게임할 땐 언제고.
이제 와서 돈이 모자라?

죄송합니다.
다음 주면 제가
갚을 수 있거든요.
시끄러워!!!
어머니
모시고 와.

아이고, 죄송합니다.
사실은....
흠..

이놈아!!
기껏 용돈
줬더니 첫날 다
날리냐!?
못살아!
콩

한 번에 다 써버리면
일주일 동안 어떻게
하려고 하니? 어쩜
이런 것까지 부자가 똑같냐.

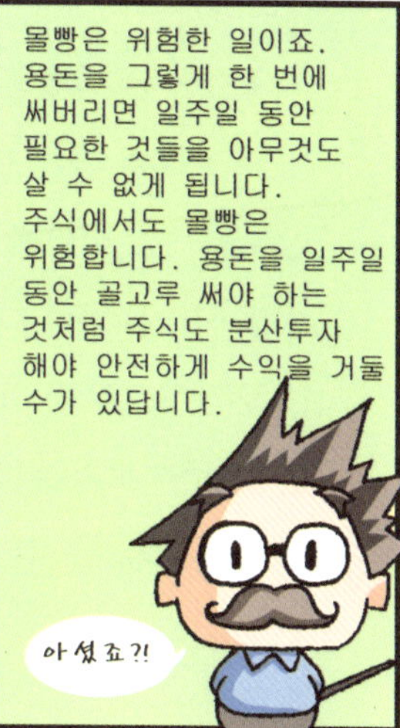

몰빵은 위험한 일이죠.
용돈을 그렇게 한 번에
써버리면 일주일 동안
필요한 것들을 아무것도
살 수 없게 됩니다.
주식에서도 몰빵은
위험합니다. 용돈을 일주일
동안 골고루 써야 하는
것처럼 주식도 분산투자
해야 안전하게 수익을 거둘
수가 있답니다.
아 셨죠?!

몰빵과 대박의 사이

 평소에 두각을 나타내지 못하던 한 펀드매니저
가 한 종목에 이른바 '몰빵'을 쳐 '대박'의 주인공이 됐다. 그 대가로 거액
의 보너스를 받았다. 동료들의 부러움을 산 것도 물론이다. 그러나 이튿날
그가 받은 것은 해고 통지서였다. "대박은 언제든 쪽박이 될 수 있다"라는
최고경영자(CEO)의 말과 함께 말이다. 실제로 영국 증권업계에서 있었던
일이다.

냉정한 승부세계에서 허황된 욕심은 통하지 않는다. 그래서 "달걀을
한 바구니에 담지 말라"고 했다. 이른바 포트폴리오(Porfolio) 이론이다.
포트폴리오는 원래 몇몇 폴더에 서류를 분류해서 담을 수 있는 '서류
가방'이라는 뜻이다. 증시에서는 속성이 서로 다른 여러 종목에 분
산 투자함으로써 개별종목이 지니고 있는 고유한 위험을 가능
한 한 줄여보자는 의미로 쓰인다. 이렇게 하면 서로 다른 종
목을 비교해 볼 수도 있다. 위험과 기대수익 간에 타협점을

찾아보자는 것이 바로 가슴이 뜨거운 개인투자자에게 필요한 전술이다.

노자의 《도덕경(道德經)》에는 계영배(戒盈盃)라는 신비한 술잔에 대한 일화가 나온다. 이것은 7부까지만 채워야지, 그 이상을 부으면 이미 부은 술마저도 사라져버리는 신비로운 술잔이다. 실제로 어떤 그릇에 물을 채우려 할 때, 지나치게 많이 채우고자 하면 곧 넘치고 마는 이치와 같다. 처음부터 무작정 '대박'을 노리는 개인투자자의 투자 자세는 욕심껏 잔을 채우려는 것과 다르지 않다. 야금야금 시드머니를 쌓아놓은 뒤 목돈이 됐을 때 승부를 걸어야 한다. 매사에는 때가 있는 법이다.

그렇지 않고 단기간에 목돈을 벌어보자고 몰빵을 생활화하다 보면 그동안 공들여 쌓은 탑을 한순간에 무너뜨릴 수 있다. 운이 좋아 몇 번 성공할 수도 있지만, 한번의 실패도 무서운 곳이 주식이다. 몇 번 성공하여 거둔 수익을 한 번의 실패로 날리고 나면 하늘이 노랗게 변하면서 주식에 대한 애정마저 변질되고 만다. 하지만 사람의 마음이란 게 생각처럼 쉽게 조절되지 않는 법이다. 대박이 눈에 보이는데 몰빵을 하지 않는 것도 어려운 일이다. 그렇지만 눈에 보이는 대박이 세력의 장난에 의한 신기루였다면 그 결과는 보지 않아도 자명할 것이다.

Welcome to Hongkong!
와! 홍콩날씨 좋다.
김대리, 업무도 끝났는데 여기저기 둘러보자고.
좋죠.

SAMSUNG
과장님, 저것 좀 보세요.

이야~ 여기 홍콩에 와서도 국내 브랜드를 보니 기분이 좋은걸.
유명 브랜드는 역시 다르네요.

그나저나 여기까지 왔는데, 기념품을 사야할 텐데….

김대리, 이거 괜찮지 않아!
ARMANI

근데 뭐 이리 비싸…
200$

어! 아까 저쪽 매장에서 봤던 거랑 똑같잖아.
보는 눈이 있으시네, 싸고 좋아요.

유명 브랜드가 이유없이 대접을 받는 건 아니겠죠. 주식에서도 브랜드 칩을 주목해야 합니다. 브랜드 상품은 시장점유율이 높아지면서 매출 및 수익이 늘어나게 되고, 이에 따른 기업가치 상승을 이끌어내는 상품이랍니다.

브랜드 가치에
주목하라

브랜드 칩이 주목받고 있다. 브랜드 상품은 시장 점유율이 높아지면서 매출 및 수익이 늘어나게 되고, 이에 따른 기업가치 상승을 이끌어내는 상품이다. 브랜드 자체가 '시너지 효과'를 발휘하는 것을 말한다. 시너지 효과는 '1+1'이 2 이상의 효과를 낼 경우를 가리키는 말이다. 상승효과(相乘效果)라고도 한다. 예컨대 주유소에서 건강식품을 판매하면 새로운 점포를 설치할 필요가 없으며, 유통비용도 절감되는 식이다. 주유소도 좋고 건강식품 메이커들도 득이 된다. 주유소는 손님을 끌 유인책을 싼 값에 공급받고, 건강식품 메이커는 판로를 넓힐 수 있어서다.

시너지 효과를 동반하는 브랜드 칩은 '자가발전'에 따라 명멸하는 2류 브랜드와는 사뭇 다르다. 부동산 전문가들이 "고급 아파트에 장기 투자하는 게 좋다"라는 논리를 펴는 것도 브랜드 상품을 염두에 둔 판단이다. 내릴 때는 많이 빠지지 않고 오를 때는 더 높이 뛰기 때문이다. 최근 들어 패션디자이너인 앙드레 김

이 아파트 가전제품 속옷 보석 등의 디자인에 관여하면서 보폭을 넓히는 것
도 관련 업체들이 그의 브랜드 가치를 높게 샀기 때문이다.

시장 변동성이 큰 우리나라 시장에서도 브랜드 칩이 안전투자에 걸맞다
는 분석이 많다. 특히 브랜드 가치가 높은 기업에게 프리미엄을 주어야 한
다는 지적이다. 업종 대표기업들이 기업 자체의 브랜드가 높거나, 브랜드
가치가 높은 제품을 보유함으로씨 기입 가치를 높게 평가받고 있다.

실제로 국산제품의 브랜드 가치 평가결과, 브랜드 가치와 시장점유율은
비례하는 것으로 밝혀졌다. 산업정책연구원의 조사결과, 브랜드 가치에서
는 삼성전자가 1위를 차지했고, SK텔레콤, KT, LG전자, KTF 등이 그 뒤를
이었다(2005년).

주식투자자는 상품 유통시장에서 평가되는 브랜드 가치에도 관심을 가
져야 한다.

이번 한경물산 모델로 누가 좋겠나?
전지연 같은 톱모델이 낫지 않겠습니까?
여자보다는 이중기 같은 남자 모델이 좋을 것 같아요.

기과장, 자네 생각은 어때?
회사 사정을 감안해 볼 때 톱모델보다는 B급 모델이 나을 것 같습니다.

모델비도 저렴하고, 참신한 인물을 발굴할 수도 있고요.

불안합니다. 객관적으로 검증이 되지 않았어요. 인기도 왔다갔다하고요.
흐음…

웅성 웅성

1등이 1등인 이유는 여간해서 쉽게 흔들리지 않는다는 데 있습니다. 주식시장에서의 미인주 또한 여간해서 폭락 하지 않습니다. 괜한 잔꾀로 큰 이득을 보려다가 낭패를 보기보다는 현재 유행하는 테마에 투자하는 게 좋습니다.

주도주나 테마주에
투자하라

일찍이 케인스는 "주식시장도 대중의 인기투표로 최고 미인을 뽑는 미인대회와 같이 대중의 인기를 한 몸에 받는 주도주가 시장을 이끈다"고 말했다. 이른바 '미인주'는 시장 주도주를 말한다. 그렇다면 어떤 주식이 주도주일까? 주도주는 거래량이 급증하면서 투자자들이 앞 다퉈 사들이려는 속성이 있다. 2006년 들어 주식시장이 횡보세를 보이고 있는 것도 IT나 금융주 등 따로 시장을 주도하는 종목이 없는 탓이라는 분석이 많다.

주도주는 대개 해당 업종에서 시장점유율이 높은데다 성장성과 수익성이 높은 종목이다. 한번 주도주로 나서면 쉽게 뒤지지 않는 속성이 있다. 대기 매수 세력이 두텁기 때문이다. 요즘 한창 논란의 한복판에 있는 강남 아파트도 이런 속성이 있는 것으로 보는 분석가들이 적지 않다. 다른 지역에 비해 도로 교통 등 사회간접자본(SOC)이 잘 갖춰져 있는데다 교육과 문화 여건도 우수

해 항상 대기수요가 넘쳐난다는 점에서다. 1등주는 여간해서 폭락하지 않는다.

특정 시간대에 유행하는 테마주에 올라타는 것도 효과적인 매매행태다. 테마주는 주식시장에 새로운 사건이나 현상이 발생해 시장 전체가 출렁거릴 때 패거리로 움직이는 종목군을 말한다. 괜스레 움직이진 않는다. 대표적인 게 약세장일 때 부각되는 자산주다. 산업 트렌드를 반영해 BT주니, 게임주니, 엔터테인먼트주니, 웰빙주니 하는 것들이 기대심리를 안고 고공 편대비행을 하는 경우가 적지 않다. 조류독감으로 닭고기에 대한 수요가 줄 것으로 예상되면, 아무래도 고기 수요는 돼지고기나 쇠고기로 이동할 수밖에 없다. 이때 시장 매기가 돼지고기나 쇠고기를 공급하는 육가공업체로 옮겨가는 경우가 있다. 테마주의 전형이다. 그러나 이때도 반드시 실적을 점검해 두는 게 좋다. 테마주는 유행에 편승하는 주식이어서 인기가 시들해지면 매물이 쏟아질 수 있다.

찰칵!
찰칵!

예술이군, 예술이야.
하하하

찰칵
찰칵
어이~!
그만 가자고

아~, 잘 나왔다.
딱 한 가지가 아쉽네.
이거 처분하고 좋은
걸로 하나 사야겠다.

이번에도 사진
잘 나왔네요.
당근이지. 그런데
카메라를 더 좋은
걸로 바꿔야 할 것
같아

왜요? 카메라
좋기만 한데….
그럼 그 카메라
저한테 70% 가격에
파세요.
와~좋다..
70%? 에이, 이 사람.
정 그렇다면 내가
좀더 쓰고 넘기지

그러세요.
후회하실텐데.

카메라를 팔아야 할 시기를 놓치셨군요.
본전 다 뽑고 팔려다가 오히려 손해만
보셨네요. 주식시장에서도 매도의 시기를
잘 파악해야 합니다.
특히 자신이 설정한 곳까지 가격이
하락하면 뒤도 돌아보지 말고 매도해야
합니다. 손실을 줄이는 것도 투자입니다.
기과장님도 진작에 팔았더라면 더 좋은
디지털 카메라를 사실 수 있었겠죠.

자신만의 원칙을 세워라

투자시장에서는 안정적인 수익률을 올리는 게 중요하다. 워런 버핏은 두 가지 투자철학이 있다고 말하곤 한다. "첫째는 돈을 잃지 않는다는 것이고 둘째는 첫째 항목을 항상 지킨다." 한마디로 하이리스크-하이리턴은 하지 않는다는 것이다. 조금 먹더라도 안전한 주식을 고르는 걸 선호한다는 얘기다.

실제 그의 투자회사인 버크셔 해서웨이는 지난 40년간 연간 수익률이 50%를 넘은 적이 딱 한 번 있었을 정도로 대박과는 거리가 멀다. 그러나 마이너스 수익률을 냈던 적도 2001년 단 한 번뿐이었다. 지난 1965년부터 2005년까지 연평균 수익률은 21.5%, 같은 기간 S&P500지수 연평균 수익률(배당금 포함)인 10.3%를 배 이상 웃돌고 있다. 돈을 잃지 않는다는 투자원칙을 실천한 결과다. 버핏은 "증시에서 타자가 스트라이크 아웃 되는 일은 없다. 최고의 공이 나타날 때까지 참을성 있게 기다리면 된다"고 말한

다. 들쭉날쭉한 성적을 바라지 않는 것이다.

매수보다는 매도에 중점을 둔 원칙을 지키는 것도 현명하다. 먹을 만큼 먹고 더 큰 욕심은 내지 말라는 얘기다. 자신이 설정한 곳까지 가격이 하락하면 뒤도 돌아보지 말고 무조건 매도하라는 '손절매' 원칙이 대표적이다. 이는 손실을 줄이는 것도 투자라는 점을 일깨워준다. 다시 오르겠지 하다가 영원한 나락에 빠지기도 한다.

가장 좋은 방법은 '내가 산 가격에서 2%, 혹은 3% 떨어지면 손절매를 한다'는 식으로 미리 손절매 원칙을 구체적으로 세우는 게 좋다. 주가가 오를 때도 마찬가지다. 기업의 미래가치를 보고 장기투자한 투자자가 아니라면, 내가 매수한 후 수익을 얼마까지 올리면 팔겠다고 원칙을 세운다. 더 큰 욕심을 내기보다는 일단 수익을 실현하고 보는 것이다. 더 오를 것 같던 주식이 폭락해 그동안 쌓아온 수익을 한방에 날리는 경우가 허다한 곳이 주식이다. 다시 오를 것 같지만 주식은 오르지 않고, 더 오를 것 같아도 그건 나만의 생각이다. 언제나 욕심이 화를 부른다는 사실을 명심해야 한다.

우리 나미인 빨리 시집보내야 하는데 큰일이에요.
그러게 말이야. 우리 처제 눈이 보통 높아야지.
좋은 방법 없을까요?
깜짝이야!!

지금 사귀는 남자는 있나?
얼마 전에 소개팅을 한 남자가 있는 걸로 알고 있는데….

다녀왔습니다. 어머, 형부 일찍 오셨네.
어, 처제. 요즘 좋은 일 있나보지. 데이트라도 하고 오는 거야?

그럼요. 이번에 소개팅한 남자는 제 이상형이에요.
싱글벙글

그, 그래. 그럼, 주말에 한번 데려와.
물어볼게요.

사람의 가치를 현재의 모습만으로 판단해서 되나요. 주식시장에서도 이렇게 현재의 가치는 저평가되어 있지만 향후 발전 가능성이 큰 회사들이 더러 있습니다. 그러니 어설픈 기교를 부리기 보다는 회사에 투자한다 생각하고 몇 개의 주식을 꾸준히 매수해 보세요.

가치주에 눈을 돌려라

072

가치주는 현재 발생하는 주당 순이익에 비해 상대적으로 낮은 가격에 거래되는 주식을 말한다. 주가수익비율(PER), 주가순자산비율(PBR) 등 여러 기법을 통해 저평가 정도를 추출할 수 있다. 그러나 이런 질적 분석을 통해 매수에 대한 확신을 갖게 되는 것은 아니다. 이런 종목을 고르기 위해선 우선 바텀업(bottom-up), 즉 개별종목을 분석하고 투자하는 방식에 익숙해 져야 한다. 경기 상황을 진단한 후 투자 결정을 내리는 톱다운(top-down)방식과는 차별화된다.

스타매니저 출신의 김석규 교보투신운용 사장이 들려주는 케이스 스터디는 두고두고 귀기울일 만하다. 그는 2002년 상장한 NHN에 투자해 10배 이상의 수익을 냈다고 한다. "NHN은 인터넷 버블이 붕괴된 뒤에 상장됐는데 제가 좋아하는 바둑사이트가 유료화를 단행했는데도 회원 이탈이 거의 없었습니다. 이용자들이 인터넷 서비스에 돈을 낼 준비가 되어 있던 것이 아닌가 하는 생각

이 들었지요. 인터넷을 다루는 게 서툴던 아내도 어느 새 인터넷 쇼핑을 시작하며 즐기더군요." 데이터 분석도 중요하지만 현장의 상황을 직접 살펴보면서 스스로 느끼고 판단할 수 있어야 좋은 투자자가 된다는 게 김 사장의 지론이다.

가치주를 고른 뒤에는 주가가 가치를 반영할 때 까지 기다릴 줄 아는 인내심이 절실하다. 시장의 공은 항상 '기다리는 자'가 틀어쥐고 있다. 기다리는 방법 중 하나가 '고장난 시계' 투자법이다. 특히 '시계(視界)제로'의 투자환경에서 써먹음직하다. 고장난 시계도 하루에 두 번은 맞는다. 매번 주가를 맞추려고 발버둥치기보다는 자기가 설정했던 가격대에 주가가 도달할 때까지 기다리는 것이다. 가치 있는 주식은 언젠가 목표치에 이르게 마련이다.

로또 한 장 주세요.
당첨 되세요.

쪼 ― 옥

1, 2, 3, 4, ? ?

어,,, 어, 두 개만 더!

당첨번호
1, 2, 3, 4, 7, 8
아 ~

어휴, 두 개만 더
맞았으면 1등인데….

그래도 4등이
어디냐?

1등에라도
당첨됐어요?
1등은 아니지만,
4등. 이제 로또가 좀
되려나봐. 랄랄라~

잘됐네. 우량이
운동화나 한
켤레 사주세요.
그럴까?
기분이닷!

투자를 제대로 하셨어야죠!
한 번의 성공에 심취해 비상금까지 날리셨네요. 주식투자에서도 갑자기 투자금을 늘리는 것은 위험합니다. 자신의 상황에 맞게 금액을 유지하고, 늘리더라도 조금씩 늘려서 몽땅 잃을 수 있는 위험을 피해가시길 바랍니다.

투자자금을
함부로 늘리지 마라

내가 아는 친구 한 명은 2006년 초 자신의 가용자원을 모두 주식에 몰아넣었다. 그는 평소에도 부동산보다는 주식에 관심이 컸다. 그러던 어느 날 자신이 아는 친구가 정보를 줬다면서 B사 주식을 듬뿍 사들였다. 실제로 그가 갖고 있던 돈을 다 털어서 B사 주식을 매수한 뒤 이 주식은 상한가를 이틀이나 치면서 기세가 제법 좋았다. 그러나 그는 "이미 오름세를 탄 만큼 더 사야겠다"며 아파트 담보로 대출을 받은 뒤 이 주식을 추가로 더 사들였다. 3개월 후에 그의 전화를 받았는데 목소리가 좋지 않았다. 기세 좋게 오름세를 보였으나 실적이 나쁘다는 내용이 알려지면서 한 달 새 오름폭을 고스란히 까먹은 뒤 수직낙하했다는 것이다. 땅을 쳤지만 이미 때는 늦었다.

견물생심(見物生心)이라고 했다. 하물며 어떤 물건이라도 살 수 있는 돈이 눈앞에서 크게 불어나고 있으니 욕심이 생기지 않을

수 없을 터다. 로또광풍에 열광하는 사람들은 확률을 높이려고 가급적 더 많은 로또복권을 사들인다. 특정 지역에서 당첨자가 나왔다며 그 지역 점포를 샅샅이 뒤지는 경우도 허다하다고 한다.

주식투자의 세계에서 함부로 투자금을 늘리는 것은 금물이다. 주식투자는 목표수익을 정해놓고 움직이는 것이 현명하다. 시장이 호전된다고, 자신의 매수 종목이 오름세를 탄다고 무조건 체중을 늘리려는 자세는 바람직하지 않다. 투자자금을 늘린 뒤 주가가 지속적으로 오른다면 더 바랄 게 없지만, 주가가 그 반대로 움직이면 큰 손실을 볼 수 있다. 이 때문에 투자자금을 늘리더라도 철저하게 분산하거나 포트폴리오를 짜서 움직이는 것이 현명하다. 주식은 경마 같은 투기가 아니라 금융자산으로 투자하는 것이기 때문에 덩치가 작을수록 좋다. 움직임이 둔해져선 안 된다. 자신의 실력에 맞는 금액을 유지하고, 늘리더라도 조금씩 늘려가라. 그게 제로섬 게임에서 살아남는 생존 방정식이다.

최팀장님,
여기 앉으시죠.
마담

안녕하세요?
기과장님.

마담!
삼삼한 여자
한 명 부탁해~
분위기 괜찮은데요.
그렇죠.
걱정 마시고,
드세요.

팀장님, 한 잔
드릴게요.
미스 강
이예용~

캬~
술맛
죽이는구만~

그나저나 내일 새벽
축구보실 거예요?
16강 전을 결정짓는
중요한 경기라는데…

근데 왜 독일은
축구를 새벽에
하나요?

평소 신문이라도 읽는 습관을 들였다면 좀더 원만한 대화를 유지할 수 있었을 겁니다. 다양한 변수가 존재하는 주식시장에서는 시대와 산업의 변화를 꿰뚫을 수 있는 안목이 필요합니다. 그러기 위해서는 꾸준히 공부하는 자세가 필요하겠죠?

공부하세요!

주식대가들의 공통점은 꾸준히 공부를 한다는 점이다. 필자가 아는 국내 유명 펀드매니저들은 늘상 책을 끼고 산다. 어려운 경제학 책은 물론 지구촌 재테크 고수들의 격언이나 행동강령 등을 자신의 경험 위에 더해 놓으려고 안간힘을 쏟는다. 경제에 영향을 미치는 정치 사회 문화는 물론 스포츠 미래학 등 장르를 넘어 여러 분야를 두루 섭렵한다. 한 펀드매니저는 주말이면 요즘 각광받는 부동산을 찾아 발품을 판다. 우리나라의 '큰 손'들은 부동산에 관심이 많은데 그들이 왜 특정지역에 관심을 갖는지를 공부하기 위해서란다. 부동산 브로커들의 생각을 들어보는 것도 큰 도움이 된다는 것이 그의 설명이다.

주식시장은 사회의 여러 현상을 녹여내는 용광로 같은 것이어서 일단 용광로에 들어가는 성분을 분석할 수 있는 능력을 길러야 하기 때문이다. 용광로가 만들어내는 결과물인 주가를 움직이는 변수는 용광로 밖에도 있다. 그런

복잡한 상관관계를 꿰뚫으려면 공부하지 않을 수 없다. 책에서 터득하는 공부가 전부는 아니다. 시대와 산업의 변화를 발품을 팔아 눈으로 확인하는가 하면 동시대 주역들의 생각과 동행하면서 내일의 모습을 전망한다.

이런 노력은 물론 개인투자자들에게도 필요하다. 우선 공부의 교재를 잘 선택하는 것이 중요하다. 요즘엔 인터넷에서 대부분 정보를 얻을 수 있지만 아직도 신문만큼 정치하고 세련된 정보를 잘 전달해 주는 수단도 드문 것 같다. 신문, 특히 경제신문을 꾸준히 읽는 버릇을 들이면 사건의 경중과 다음에 펼쳐질 장면 등을 도출하는 능력을 키울 수 있다. 이 능력은 투자하는 데 큰 도움이 될 수 있다.

공부하는 사람만이 부자의 반열에 오를 수 있다. 주식은 더더욱 그렇다. 지식습득은 등한시한 채 감각만 갖고 덤볐다가는 큰 코 다친다. 당신의 돈을 노리는 '보이지 않는 손'이 주식시장에는 차고 넘친다. 세상에 '공짜점심은 없는 법'임을 명심해야 한다.

동료의 집들이에 간 기과장과 동료들

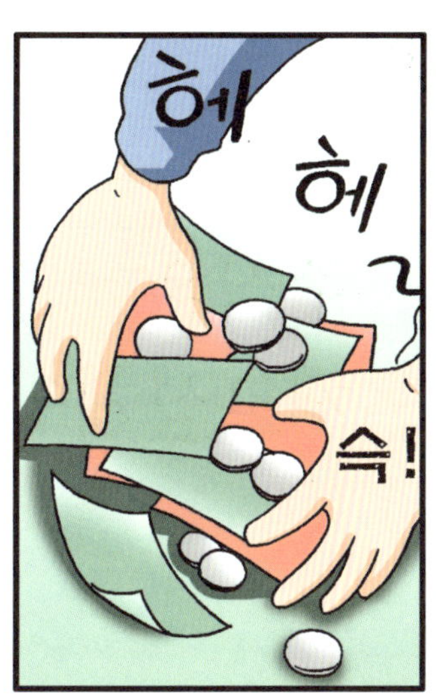

김대리가 오늘 한 몫 단단히
잡았나 보네요. 기과장님은
차비까지 다 잃고요. 이런 걸
바로 제로섬게임이라고 합니다.
주식시장도 고스톱과 마찬가지
입니다. 누군가 돈을 벌면
누군가는 반드시 돈을 잃게 되는
것이지요. 그러니 '나는 벌겠지'
라고 쉽게 생각하기보다는
신중하게 접근하는 것이
좋습니다.

주식은
제로섬게임이다

제로섬게임은 승자의 득점과 패자의 실점의 합계가 0(zero)이 되는 게임, 한마디로 게임에 참여하고 있는 사람들 안에서만 돈이 움직이는 상황을 말한다. 누군가가 돈을 벌면 누군가는 반드시 돈을 잃는 게임이다. 간혹 증시의 대세 상승기에는 주식시장 참여자 모두가 돈을 벌 수 있다는 시각도 있다. 예컨대 A주식을 파는 사람도 당초 매입가격보다 비싸게 팔고, 새로 A주식을 매입한 사람도 뒷날 비싸게 팔 때를 가정한 경우다. 그러나 반대의 경우도 있다. 주가 하락기의 일정기간 동안 돈 버는 사람이 없을 경우다. 비싼 값에 사서 싸게 팔고, 그걸 산 사람도 재차 더 낮은 가격에 팔 수밖에 없다.

그래서 크게 보면 주식투자는 제로섬게임으로 볼 수 있다. 크게 먹는 사람이 나타나면 반대로 크게 잃는 사람이 항상 존재하는 법이다. 제로섬게임에서 살아남으려면 우선 대세의 흐름을 잘 꿰차고 있어야 한다. 그러면 잔파도에

일희일비하지 않을 수 있다. 또 개별종목의 적정가격을 파악하는 능력을 갖춰야 매수와 매도를 잘 판단해 실패확률을 줄일 수 있다. '투자의 시대'를 얘기하는 요즘 주식에 관심을 갖는 것은 당연하지만 이런 개념도 없이 '나는 벌겠지'라고 쉽게 생각해서는 안 된다. 은퇴 시점의 샐러리맨들이 '시골에 가서 농사나 짓지' 혹인 '음식점이나 차리지' 하면서 미래를 그려보지만 이들 분야에서 성공하는 사람은 찾기 쉽지 않다.

제로섬게임에서 살아남으려면 워런 버핏이 말한 것처럼 '잃지 않기 위한 투자 스타일'을 몸에 익혀야 한다. 저평가된 주식을 골라 빛을 볼 때까지 기다리는 전략을 세우거나, 기업 가치가 실제보다 높은지 낮은지를 판단하는 눈을 길러야 한다. 주식 투자에서도 매사를 신중하게 접근하는 것이 좋다.

제로섬 게임이 무서운 또 하나의 이유는, 상대도 나만큼, 아니 상대가 나보다 더 고수라는 점이다. 정보에 눈이 어두울 수밖에 없는 개인투자자로서 정보에 밝은 기관이나 투자자들을 이기기란 여간해서는 어려운 일이다. 따라서 그들과 싸워 이기려고 하면 이기기는커녕 죽지 않으면 다행이다. 어설프게 짐작하고 지나치게 욕심을 부리다보면 패할 확률이 현저히 높아지고 만다.

띠리리리
드르렁
드르렁

여보세요.
사모님, 안녕하세요?
그런데요.

네, 저는 좋은 투자정보 회사의 왕대박 팀장입니다. 투자정보 좀 드리려고요.
아~함
저 돈 없어요.

사모님, 들어보고 끊으셔도 됩니다. 최고 두 배의 수익을 보장해 드리는 거예요.
두, 두 배요. 그, 그럼 말해 보세요.

그러니까 그게 이번 주에 마감된다는 거죠. 알겠어요.
고스톱도 쓰리 고가 좋듯이 두배라면 무조건 고~
오오오...

아휴, 돈은 친구한테 간신히 구했어요. 무조건 투자할테니 2배로 불려주세요.
좋은투자정보 회사
잘하셨습니다. 사모님, 이제 좋은 결과만 기다리면 됩니다.

그리고 한 가지 당부드리지만, 이 돈은 1년 이내에는 찾을 수 없습니다. 만약 그 안에 찾게 되면 원금을 다 못 돌려 드립니다.

'1개월 후'
어떻게 안 될까요? 친구가 다시 돌려달라고 해서. 다른 데 알아볼 곳도 없고.
사모님, 그러시다면 전에도 말씀 드렸지만, 원금을 다 돌려드릴 수는 없어요.

할 수 없죠. 그럼, 다시 제 통장으로 넣어주세요.
이게 무슨 지랄이람~~

후~
나두 미쳤지, 2배 라는 말에 ...

으아~앙
두 배 수익은커녕 원금하고 이자만 날렸네.

여유자금으로 투자를 하지않으면 쫓길 수밖에 없습니다. 특히 주식을 대출금으로 투자했다가 쪽박을 차는 사례는 적지 않게 볼 수 있습니다. 주식은 금광찾기가 아닙니다. 여유자금으로 투자하시고, 일확천금에 대한 기대를 버리세요.
대출

여유자금으로 투자하고
기대를 낮춰라

"한번은 아주머니가 아파트 중도금 1억 5,000만 원을 들고 찾아왔어요. 6개월간 쓸 수 있는 돈인데 10%만 불려주면 된다고 말하데요. 10%는 가능하지만 단기투자는 우리의 운용원칙과 맞지 않아 거절했습니다."

서울대 재학시절부터 가치투자를 꿈꿔왔던 최준철 VIP투자자문 대표의 경험담이다. 이는 그의 투자 원칙을 말하는 것이기도 하지만 여유자금의 개념을 잘 설명해 주는 사례다. 주식은 본질적으로 제로섬게임이어서 버는 자가 있으면 반드시 잃는 자가 생기게 마련이다. 그래서 여유돈으로 투자하라는 것이다.

워런 버핏의 '버크셔 해서웨이', 템플턴, 피델리티 등 세계 최고의 펀드들이 승승장구하면서 오랫동안 투자자의 신뢰를 얻어 운영자금을 늘려가고 있는 것도 운용 기간을 길게 가져가기 때문이다. 미래에셋이 단기간에

증권업계 강자가 된 것도 서구식 투자 패턴을 고수하고 있는 데 따른 것이다. 단기간 시세흐름에 동조하면 대세를 놓칠 수밖에 없다.

개인투자자들도 마찬가지다. 가계에 꼭 필요한 돈을 잠시 투자했다가 쪽박이라도 차게 되면 낭패다. 실제로 자신의 집을 담보로 은행에서 대출(주택담보대출)을 일으켜 주식투자에 나섰다가 증시침체기를 만나 쪽박을 차는 사례가 적지 않았다. 남편 몰래 주식 투자에 나섰다가 깡통을 찬 뒤 이혼을 당하는 사례도 있었다.

여유자금이 아니면 반드시 투자에 성공해야 하는 부담 때문에 조바심이 날 수밖에 없다. 이런 투자자는 작은 소문에도 흔들리기 십상이다. 평상심이 사라지면 투자원칙이 깨진다. 어느 종목에 작전세력이 붙었다는 소문에 쉽게 매수주문을 내지만 작전 세력은 이미 탈출을 준비하는 경우가 많다. 주식투자는 금광 찾기가 아니다. 일확천금에 대한 기대를 버려야 한다.

P · A · R · T
02

주식한다는 사람은 꼭 알아야 할 증시지표와 뉴스 읽는 법

여보, 오랜만에 드라이브 하니까 어때?
정말 이게 얼마만인지 모르겠어요. 호호호
붕~
앞으로 자주 나오자구.
호호~

자~ 요기.
어머, 왜 이래요. 쑥스럽게.
뽀뽀~
주책이야

어! 어!
으악~, 휴!
끼이이익

죽을라구...
아휴~ 운전이나 제대로 해요~
아~

엇!
1개 천원

어머, 복숭아가 참 싸네. 우리 복숭아 좀 사가요.
그..그럴까….

어! 저 앞이 더 싼데. 좀더 가 보자.
1개 8백원

이거 갈수록 싸지는데 갈 때까지 가볼까.
그냥 사지. 이 정도면 정말 싼 건데….
1개 6백원

어라. 다시 비싸지네.
1개 1200원
그러길래 내가 뭐랬어. 마누라 말을 들으면 자다가도 떡이 생긴다니까!

다시 돌아갈 수도 없고…
으이구~ 이원수

기회가 왔을 때 잡으셨어야죠. 주식에서도 주식을 살 시기가 왔다는 것을 알기가 쉽지 않습니다. 하지만 '모두 나서서 한 목소리로 약세장을 외칠 때 바보가 돼 매수를 씨를 뿌려라' 라는 격언처럼 기회가 왔을 때 주식을 사는 센스를 잘 발휘해 보시기 바랍니다.
히히히 잡았다!

모두가 약세장을 외칠 때
매수의 씨를 뿌려라

서울 여의도 증권가에서는 주식을 살 시기가 왔다는 것을 "주식시장이 기회의 땅에 진입했다"고 표현한다. 그렇다면 '기회의 땅'에 진입했는지를 어떻게 알 수 있을까?

우선 언론의 '과잉 보도'를 신호로 삼는 사람이 있다. 경제신문에 '주가 연중 최저치 경신'이라는 제목이 연일 헤드라인을 장식하며 투자자들을 지치게 만들 때가 '바닥'인 경우가 많다는 것이다.

달갑지 않은 신호는 경제지표에도 고스란히 묻어난다. 환율이 급락세를 보이고 있는데다 금리가 내림세를 보이는 경우가 태반이다. 환율이 급락세를 보이면 수출업체의 채산성이 악화돼 경제가 진퇴양난에 빠져들 수 있다.

이 같은 상황에서 채권에 뭉칫돈이 몰린다는 뉴스가 쏟아진다. 특히 초단기로 운용되는 투자신탁회사의 머니마켓펀드(MMF)가 자주 도마에 오른다. 반대로 고객예탁금은 썰물

처럼 빠져나간다. 우리나라만의 독특한 상황이 아니라면 전 세계 투자자 사이에 '금 사재기' 열풍이 분다. 그러나 유형자산에서 무형자산으로 자산가치의 중요성이 바뀌고 있는 엄연한 현실에서, 금 타령을 하는 건 '이 때가 기회'라는 신호를 보내주는 경우가 많다.

이처럼 부정적인 뉴스가 쏟아지고 많은 사람이 나쁘다고 생각해 한쪽으로 행동을 통일해 갈 때, 주가가 변곡점을 만난다. 속살이 튼실한 상장사들은 이 때부터 자사주를 사들인다.

2003년 초에도 주식시장이 연중 최저치를 경신하는 약세국면에서 삼성전자가 주식 1조 원어치를 사들여 태워버리겠다고 발표했다.

"모두 나서서 한 목소리로 약세장을 외칠 때 바보가 돼 매수의 씨를 뿌려라"라는 격언이 들어맞는 대목이다. 스마트 머니(smart money)는 바로 이런 때를 노린다. 기회의 땅으로 당신을 인도하는 '보이지 않는 손'이 분명 존재한다.

그렇다고 회사가 얼마나 튼튼한지도 알아보지 않고 무턱대고 매수해서는 곤란하다. 많이 떨어졌으니 많이 오를 것이라는 막연한 기대감은 주식투자를 투기로 만드는 큰 실수에 해당한다. 많이 떨어진 것만 믿고 덜커덕 매수를 했다가 회사부도로, 혹은 대규모 감자로 엄청난 손해를 보는 경우도 심심찮게 일어난다. 주식은 투기가 아니라 투자다. 기업의 가치에 비해 상대적으로 많이 떨어진 주식을 골라야 한다. 물론 탄탄한 기업 중에서 말이다.

굿모닝!
짜잔~

우와~ 김대리님, 오늘 선이라도 보세요?
와! 죽인다.
무슨 소리. 이 정도는 기본이지.

오늘 어때? 드라이브나 할까?
저희들이야 좋죠! 김대리님 멋져요.
오오오

퇴근 후
우와. 차 정말 멋진대요.
허니~ 여기야.

자! 출발~
야호

김대리 복권에라도 당첨됐나?
그런가보죠. 관심없어요.

중요한 건 일시적으로 잘 보이는 게 아니죠. 주식투자를 할 때에도 간판만 번지르르한 기업이나 핑크빛 증시재료를 주의해야 합니다. 기업이 만들어내는 이익의 수준을 잘 따져볼 줄 알아야 루키즘의 유혹에서 벗어나 제대로 투자를 할 수 있답니다.

새로 작성한 현금흐름표를 꼭 챙겨보라

얼마 전 한국 여성들이 루키즘(lookism : 외모 지상주의)에 빠져 있다는 분석이 나왔다. 이에 따르면 여성들은 외모 관리에 하루 중 53분을 사용한다고 한다. 어떤 회사는 '얼짱' 사원을 뽑아 대외적으로 공개하기도 했다. 이러한 분위기라면 용모가 인생을 좌우한다는 생각(68%)을 하고 있는 것이 당연한지도 모른다.

주식투자자도 루키즘에 빠질 수 있다. 간판만 번지르르한 기업이나 핑크빛 증시재료에 고무되기 쉽다. 기업이 만들어내는 '이익의 수준' 을 따져볼 줄 알아야 루키즘의 유혹에서 빠져나올 수 있다. 이익의 수준을 알려면 이익의 절대 금액이 아니라, 회사가 투자하는 돈에 비해서 얼마나 많은 이익을 냈는지를 살펴봐야 한다.

이런 것을 판단할 수 있는 지표로서 자산매출회전율(매출액/자산), 매출액영업이익률(영업이익/매출액), 자산이익률(영업이익/자산) 등을 들 수 있다. 이

같은 지표는 한 해의 수준도 중요하지만, 그 수준이 과거에 비해서 향상되는지 악화되는지의 흐름을 보는 것이 좀더 중요하다. 최소 과거 5년 정도의 흐름을 살펴봐야 한다. 분기별 이익의 변동이 적어야 좋은 회사라는 점도 잊지 말아야 한다.

회사가 장사를 해 이익을 냈는데도 빌린 돈을 갚지 못해 부도가 나는 이상한 경우가 있다. 따라서 현금 기준으로 새로 작성된 현금흐름표를 통해 1년 동안 기업에 일어난 모든 거래를 꼭 챙겨봐야 한다. 큰 돈을 벌고 싶은 투자자라면 회사의 기본 데이터는 줄줄 외우고 있어야 한다. 다른 것은 몰라도 현금을 두둑하게 쌓고 있는 기업은 일을 낼 기업이다. 더 좋은 신사업을 펼치거나, 다른 기업의 먹이감이 될 수 있다. 어느 경우에도 이런 회사의 주식을 갖고 있는 것은 복이다.

사귀고 있는 파트너가 처음 만났을 때보다 키가 컸는지, 몸무게는 늘어났는지를 모른다면, 진정한 '애인'이라고 할 수 없을 것이다. '지피지기(知彼知己)' 하는 것이 투자의 기본이다.

기대주 과장의 첫사랑
앗!
미, 민지~
그럼, 대주씨?
읍!

민지야, 사랑해.
저도요.
와락!

유학 가더라도
자주 연락하고.
기다릴게.
미안해요.

저도 대주씨밖에
없어요.

휴~.
그때 조금만 더
기다릴걸.
지금쯤 어디서
뭘할까!

뭘, 그렇게 한숨을
쉬며 쳐다봐요?
헉!
아, 아무것도
아니….

왠 여자 사진이에요. 당신 첫사랑?
으. 웅. 미인이지?
탁

나보다 예쁘지도 않구만.
화~
저놈의 공주병~

결혼까지 생각했었지….
아니, 그럼 둘이 결혼하지. 왜 나랑 결혼했어요?
슬슬 열 받네.
못마땅

그땐 민지랑 연락이 끊겼어. 내 나이도 있었고. 그래서 얼굴은 좀 떨어져도 튼튼하고 생활력 강한 당신을 고른 거지.
저 인간이 되질라구!
꿈틀

내가 당신을 선택한 건 현명한 '가치투자'였다고.
깐죽
깐죽
분위기 파악 안됨

뭐라고요? 죽을려면 무슨 말을 못해! 어디 튼튼한 마누라 맛 좀 봐요.
퍼덕

덕분에 기과장님 훌륭한 아내를 얻지 않았나요? 그래서 지금 자알 살고 계시잖아요. 주식시장에서도 일시적으로 경기전망이 안 좋을 때 주식을 사두면 나중에 큰 수익을 올릴 수 있답니다.
손, 똑바로 못 올립니까!
흑!

경기가 좋지 않을 때는 '가치투자'가 최고다

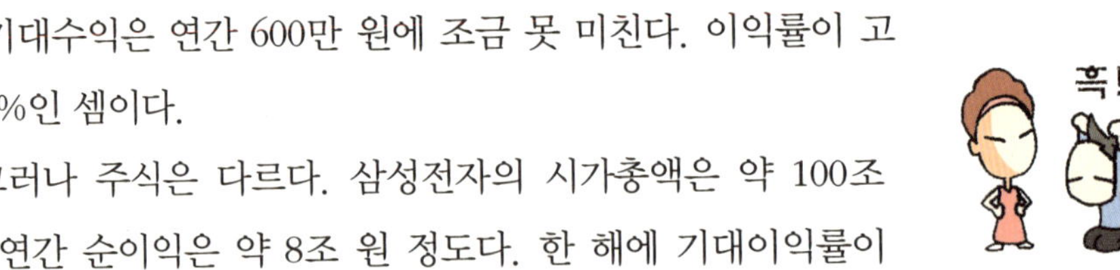

경기가 좋지 않을 때는 '가치투자'가 현명한 투자방법이다. 롤러코스터를 타는 주가의 방향을 맞추려는 허망한 노력보다는 기업가치와 현실을 저울질해 보는 노력이 바람직하다.

가치투자란 주당순자산가치가 높은데도 시장에서 주목받지 못하는 주식을 사둔 뒤, 제값을 찾을 때까지 기다리는 투자방법이다.

부동산투자와 가치투자를 비교하는 사람도 많다. 우선 부동산, 그중에서 아파트 투자의 수익률을 따져보자. 아파트를 투자목적으로 보유하면서 매년 고정적으로 현금을 만들려면 전·월세를 이용하는 수밖에 없다. 시세 3억 원의 아파트 전세금이 1억 2,000만 원일 때 이를 은행예금에 넣어두면 기대수익은 연간 600만 원에 조금 못 미친다. 이익률이 고작 2%인 셈이다.

그러나 주식은 다르다. 삼성전자의 시가총액은 약 100조 원, 연간 순이익은 약 8조 원 정도다. 한 해에 기대이익률이

8%에 달한다. 시가총액이 24조 원인 한국전력은 2005년에 2조 4,000억 원의 수익을 내 약 10%의 이익률을 기록했다. 국내 증시 시가총액은 약 680조 원이며, 상장사의 올 평균 추정수익은 60조 원이다. 이익률로 따지면 9%에 달한다. 결국 매년 8~9% 이상의 이익을 내는 우량주들로 구성된 주식을 장기 보유하면 수익률이 연 3~4%인 부동산보다 더 좋은 투자성과를 기대할 수 있다는 말이다.

가치주를 고르는 기준은 이렇다. 회사의 실제 상황은 나빠지지 않았는데 일시적인 요인으로 순이익이 줄고, 이를 틈타 매물이 나오는 주식을 사들이면 큰 수익을 올릴 수 있다. 특히 경쟁회사가 어려움에 빠졌을 때가 매수 타이밍이다. 그렇지만 주가가 벌어진 이익과의 거리를 메울 때까지 많은 시간을 기다릴 수 있다는 각오가 있어야 좋은 결실을 얻을 수 있다.

계속된 가뭄으로 농산물 가격이 급등하고 있습니다.
한경TV 뉴스
채소가 너무 비싸서 살 수가 없네.
그렇게 비싸? 우리 집은 어떤가 모르겠네.
덜컹

아버지, 가뭄 때문에 난리라는데 우리 농작물은 괜찮아요?
어, 여긴 괜찮어. 잘만 자라.

그래요? 아버지 그럼 다 자라거든 조금 늦게 내다 파세요. 좀더 오를 거 같으니까.
그려? 그래도 너무 오래 놔두면 안 좋은디.

104

저만 믿고 조금만 기다리세요. 아주 비싸게 팔 수 있을 테니까요.
알았다.

농산물 가격 급등으로 정부에서는 농산물을 긴급 수입하기로 결정했습니다.
흐음...

뭐? 지금 당장 내다 팔으라고.
할멈. 아들놈이 이거 빨리 팔아야 한다는디.
네!

농산물 공판장
뭐시여?
어제까지만 해도 비쌌는데, 반밖에 못 쳐준다고.

수입농산물 들어온다고 해서 벌써 값이 많이 떨어졌어요.
그래도 그렇지. 아직 들어오지도 않았는데 값부터 떨어뜨려?
참 네. 환장 허것네.

그럼, 그거라도 주쇼.
야! 이시키야, 못 팔아.

어떻게 된겨? 너 땜시 올 농사 다 망했다, 망했어!
헉!

엄니, 미안해요.
아는 척 하더니..

재미 보려다 오히려 낭패를 보셨군요. 이렇게 시장에서는 가격이 현실보다 한 발 앞서는 경향을 보입니다.
그래서 주식시장 또한 어려움이 많은 것이랍니다.
그 어떤것도 쉬운것이 없단다.

시장에서 '가격'은
현실보다 한발 앞서 움직인다

봄바람은 겨우내 묵은 때를 훌훌 털어준다. 이렇게 겨울은 슬그머니 봄에게 그 자리를 내준다. 지구 전체의 이목이 중동지역에 쏠려 있던 지난 2003년 4월, 미국의 강도 높은 공격으로 이라크 수도인 바그다드의 함락이 임박해지면서, 주식시장과 외환시장은 긴박감을 더해 가고 있었다. 현물시장도 마찬가지였다.

시장에서 '가격'은 현실보다 한발 앞서 움직인다. 오히려 이라크 전쟁이 발발한 이후 유가가 20% 이상 폭락하는 등 원자재 가격이 빠르게 하락세를 보였다. 미국의 사우디아라비아에 이어 중동 국가 가운데 석유생산량 2위인 이라크를 점령한 걸 호재로 본 것일까. 어쨌든 전황(戰況)에 상관없이 가격변수가 먼저 움직였다.

가격을 바꾸는 건 물론 시장참가자들의 생각이다. 그 생각은 현실을 통해 좀더 확실하게 구체화된다. 2002년을 돌이켜보자. 코스피지수 1,000포인트 시대를 외치며 승승

장구했으나 2003년에 이르러서는 그 목소리가 쑥 들어갔다. 2002년 여름까지만 해도 '사상 최대'란 수식어로 경영실적을 자랑하던 은행이 2003년 들어 앞 다퉈 수수료를 인하하면서 손님몰이에 나서는 풍경이 환경변화의 이 상징후를 느끼게 했다. 신용카드 · 백화점 · 홈쇼핑 등 내수 소비주의 목이 졸리는 것도 살풍경의 한 단면이다. 눈앞의 현실이 시장참가자의 생각을 바꾸게 한 셈이다.

때론 눈에 보이지 않는 미래를 향해 모험을 떠나보지만 생각의 뿌리는 눈앞의 현실에 박혀 있다. 현실보다 더 구체적인 것은 없기 때문이다. 주식투자가 어려운 건 바로 이 같은 점 때문이다. 주식투자자에게는 현실과 미래를 연결해 주는 타임머신이 무엇보다 필요하다.

타임머신을 타고 미래의 한 지점을 다녀올 수 있다면 대박은 식은 죽 먹기만큼이나 쉬울 것이다. 그럴 수 없다면, 시장을 예측하여 미래에 일어날 일을 근접하게 예상할 수 있다면 타임머신만큼은 아니어도 이에 버금가는 정확도를 자랑할 수도 있을 것이다.

오늘은 월요일.
원피스로 상큼한
이미지 연출!
언니, 어때?
괜찮아?
아, 눈부셔! 호호.
예쁘니까 걱정
말고 출근해..

오늘은 화요일,
어제는 원피스 입고
밤 늦게까지 야근을
했다. 좀 푸석 푸석한
것 같다. 가볍게
입어야지.

이 정도쯤이야.
가볍게 커버해
줘야지.
언니, 다녀올게.

수요일. 연 이틀
야근이다. 게다가
어제는 야식을 많이
먹어 얼굴이 퉁퉁
부었다. 뭘 입고
가야하나?

그래, 이럴 땐
치마 정장을 입고
화장을 좀 진하게~
역시. 나미인!
옳거니~
뿌
듯

피곤함을 화장과 옷으로 커버하는 데 역시 한계가 있기 마련이죠. 금융시장은 실물경제를 비추는 거울이라고 할 수 있습니다. 금융시장의 조정으로 경제가 움직이기도 하지만, 역시 실물 쪽에서 좋은 뉴스가 나와야 금융시장도 활발해지는 것이지요.

금융시장은 실물경제를 비추는 거울

110

금융시장은 실물경제를 비추는 거울이다. 실물과 거울은 갑(甲)과 을(乙)의 관계라고 할 수 있는데, 재미있는 점은 '을' 인 거울이 '갑' 인 실물을 데울 수 있다는 것이다. 2001년 한 해 동안 돈(화폐)이 경제를 살리는 불쏘시개로 활용됐다.

미국의 연방준비제도이사회(FRB)는 총 12차례나 연방기금 금리를 인하했다. 우리나라도 덩달아 세 차례나 콜금리를 인하했다. 몸을 풀어 꽁꽁 얼었던 경제의 모세혈관을 녹이고자 하는 취지에서였다. 돈을 풀면 소비와 투자가 늘 것이란 판단이 따랐던 것이다.

그 첫 번째 타깃은 건설과 서비스 등 내수 부문이었다. 내수 쪽에서 온기를 찾은 경제는 수출로 발길을 옮길 것으로 기대되었다. 이른바 '저금리 정책' 의 골자다. 금리인하는 흔들리는 경제를 바로잡겠다는 선장(경제정책 수립자)의 의지를 표현한다는 점에서는 긍정적으로 볼 수 있다. 반면에 경제가 정말 나쁘다는 사실

을 대외에 알리는 신호로 해석하는 시각도 있다. 따라서 단기간에 과실을 평가하기 어렵다.

사실상 '제로 금리' 상태였던 2003년에도 세계 각국이 금리인하를 놓고 고민에 고민을 거듭했다. 세계 경제의 상당부분을 의존하고 있는 미국이 '더블 딥(경기 이중침체)' 논란에 휩싸여 있는데다 중국이 '사스' 때문에 성장세가 둔화될 것으로 예상되면서부터다. 그 뒤로 경제체력을 회복한 미국은 금리를 다시 올렸다.

금리인하 전망이 불거질 때는 경기의 시계(視界)가 다시금 안개에 빠져드는 시점인 경우가 많다. 채권시장이 북적거리고, 금값이 오름세를 타는 것도 안전자산 선호 현상이라고 볼 수 있다. 실물 쪽에서 좋은 뉴스가 나와야 금융시장이 다시 기지개를 켤 것이다. 거울이 비추는 햇볕에는 한계가 있다.

휘발유
경유
휘발유
2,000원

지하철
으~읍!

얼릉얼릉
들어갑시
다!!
꺄악!
밀지마요!
우르르...

휘발유 값 비싸서
차도 못 타고 다니겠고,
피곤해 죽겠네.
휴~ 진짜
지옥철이네.

난방 좀 하지.
너, 너무,
비싸서…

이러고 있으니
에스키모
부부같다!
덜 덜 덜

중동의 원유
가격이 급락.
안정세를 보이고
있습니다.

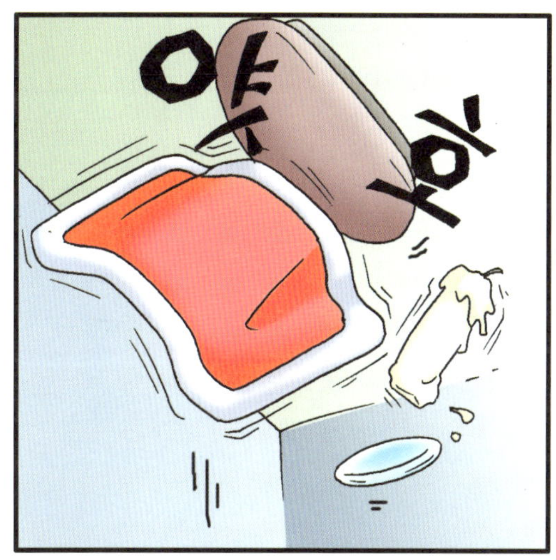

약
확

기회다. 얼른 씻어야지.

쏴아아
으메~
따신거~

뉴스 속보입니다.
핵개발 문제로 원유 가격이
다시 급등하고 있습니다.
갑자기 웬
개 풀 뜯어
먹는소리!

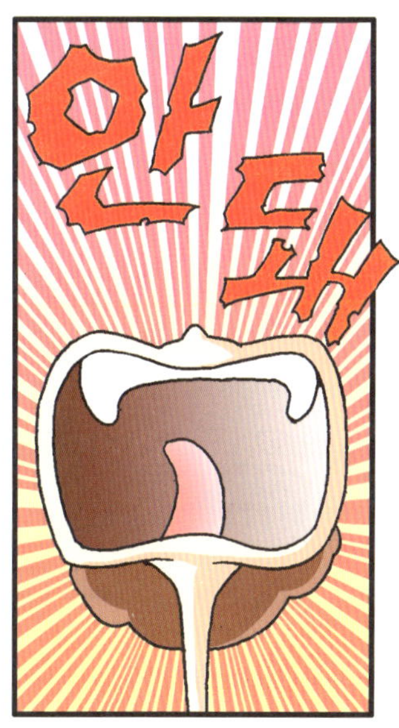

안돼

오늘 완전
생쇼 하는구만..

석유 한 방울 나지 않는
우리나라는 원유 가격에
상당한 영향을 받을 수밖에
없습니다. 주식시장도 예외는
아니어서 중동의 원유 가격에
따라 냄비 현상을 보이곤
합니다.
항상
이놈 시키땜에
말썽이죠.
헤-헤.
석유

고유가의 볼모가 된
주가

'메뚜기' 가 우리나라 경제를 쥐락펴락하고 있다. 우리나라가 가장 많이 수입하는 원유는 중동 두바이산이다. 아랍에미리트(UAE) 7개국 중 하나인 두바이는 아랍어로 '메뚜기' 라는 뜻이라고 한다.

국내 유가에 가장 큰 영향을 미치는 두바이유가 종종 급등세를 보이며 우리 경제의 목을 누른다. 예컨대 지난 2003년 2월 두바이유 한 달 평균가격이 배럴당 30달러를 돌파하면서 우리 경제를 위협했다. 같은 해 10월 현재 미국과 이라크 간 전쟁이 소문만 무성한 채 미궁 속을 헤매고 있었으나 유가동향만 살펴보면 전선(戰線)에 바짝 다가선 것으로 시장참가자들은 받아들였다.

우리나라 경제는 유가가 짐이 되면 앞으로 나갈 수 없는 구조를 갖고 있다. 유가가 급등세를 이어가면 정부는 으레 에너지 절약 대책을 내놓는다. 골프장·영화관·사우나 등 불요불급한 부문의 전력사용을 제한하겠다는 게 주요 골자다.

유가 급등세를 불러온 '이라크 전쟁'은 한 마디로 석유 에너지의 지배권을 놓고 벌이는 쟁탈전이었다. 북한도 자신들의 핵문제의 본질이 '에너지 난(難)'에 있다고 주장하고 있다. 어찌 보면 한반도 전체가 석유의 볼모가 되어 있는 모습이다.

고유가는 주식시장에도 치명타를 날리곤 한다. 따라서 유가가 고공행진을 벌일 때는 통상 주가는 연료가 바닥난 자동차처럼 정처 없이 움직인다. 기아가 중립에 놓인 상태로, 누군가 뒤에서 밀기라도 하면 그저 힘없이 밀릴 뿐이다.

"메뚜기도 한 철"이란 말이 있지만, 우리나라 주식시장이 이른바 '냄비 증시'의 오명을 얻은 것도 석유가 그 빌미를 제공하고 있다고 볼 수 있다. 석유 한 방울 생산되지 않는 나라의 처절한 현실이다.

한경물산 신입사원 면접
열심히 하겠습니다.
다음
안녕하십니까?

성적이 아주 훌륭하네요. 다른 경험은 없습니까?
저는 대학 시절 안 해본 것이 없습니다. 봉사활동, 아르바이트, 홍보 도우미…

왠지 눈빛이 진지하지가 못해.
저도 그런 느낌을 받았어요. 약간 과장해서 말하는 것 같기도 하고.
경험이 풍부하고 적극적일 것 같아요. 기획팀 업무와도 잘 맞을 것 같고요. 적극 추천합니다.

축하하네. 내가 자네를
적극 추천해서 함께
일하게 된 것이니.
열심히 하게.
네! 알겠습니다.

내가
몇 번을
말해야
알겠어?!!
긁적
긁적

과장님. 신입사원
아무래도 이상해요.
뭐가? 열심히
잘하고 있는데….

제 후배가 저 친구랑 같은
과에 다녔는데 저런 사람
없었다는데요?

뭐야?
그게 사실이야!
맹~

아~ 그때 본부장님이
눈빛이 안 좋다고 했을
때 그냥 동의할걸.
부실면접
흑~

부실사원을 적극 추천
하셨군요.
주식시장에도 부실회사들이
많으니 주의하셔야 합니다.
신중해서 나쁠것
없겠지요.
부실회사
휘
청
톡

부실회사를 골라내라

 조선시대에 도둑이나 화재 등을 막기 위해 밤에 왕궁과 도성 주변을 순시하던 군인을 순라(巡邏) 또는 순라군이라고 했다. 순라는 술래잡기 놀이에 나오는 '술래'의 어원이다.

경기 침체기의 약세장에서는 시장참가자가 술래가 돼서 꼭꼭 숨은 부실회사를 찾아나서는 것을 자주 볼 수 있다. 호황기에 보이지 않았던 부실이 불황기에 고스란히 나타나기 때문이다. 물이 가득 찼을 때 보이지 않았던 강 밑바닥의 지저분한 오물이 물이 빠지면서 고스란히 드러나는 이치와 같다.

2003년 봄에 터진 SK글로벌 분식회계 사건이 대표적인 경우다. 당시 술래가 맨 처음 찾아낸 건 분식회계를 한 SK글로벌과 관련회사다. 그 다음은 은행과 증권을 끄집어내더니, 결국 부실 카드사를 찾아낸 뒤 난리법석을 떨었다. 술래에게 잡힌 회사들은 서로 "나보다 저쪽이 더 나쁜데…"라며 화살을 피하려고 안달이었지만, 후유증은 두고두고 남을 수밖에 없었다.

이곳저곳에서 술래잡기 놀이가 한창인 상황에서는 주식시장이 기운을 차릴 수 없다. 그 놀이가 점점 재미없어질 무렵 업종의 대표주들이 고개를 드는 경우가 많다. 엉터리 회사에 진절머리가 난 투자자들이 1등 프리미엄을 노리는 대표주를 다시 보기 시작하기 때문이다.

기업의 위기가 현실화되기 전에 조기에 이런 징후를 감지하는 게 필요하다. 조기진단을 통해 암을 찾아내는 것과 같다. 기업 내에선 이런 조기 경보 사인이 많다. 바로 바이탈 사인(vital sign)이다. 외부 바이탈 사인은 수익과 매출의 전망과 실제와의 일치여부, 주가 등락으로 나타난다. 내부 바이탈 사인은 제품교체가 잘 안되거나 지배구조에 균열이 생기는 등 쉽게 수긍하기 어려운 현상으로 나타난다. 이런 걸 조기 진단하는 경영시스템을 갖춘 회사가 우량회사다.

어? 이게 누구야!
꼴통 아니야?
어, 기대주.
반갑다.

야~ 너 고생
많이 했구나.
얼굴이 삭았네.
그렇지, 뭐.
너도 주름이
많이 생겼구나.
헤
헤

하하. 근데 이게
몇 년 만이냐.
맥주나 한 잔 하자.
OK!

건배
짱

그러고 보니 넌
학교 다닐 때도
술 자주 마셨잖아.
그땐, 다들
그러지 않았나?

다 그러긴. 꼴통, 너하고 어울려 다닌 애들만 그랬지!
그래도 그 때가 좋았다.
깐죽 깐죽

그래, 지금은 뭐하나. 아까 그 회산 물건 납품하러 온거야?
짜식. 불쌍하게 생겨가지고~

아니, 나 얼마 전에 그 회사 기획팀장으로 스카웃 됐어.
우케케

별 일이네. 네 실력으로? 백이라도 있는거냐!
고등학교 졸업하고 이를 악물고 공부했지. 유학도 다녀오고.

그, 그래. 앞으로 잘 부탁한다.
제길...
하필
내 거래처냐...

앞으로 도움 필요한 일 있으면 나한테 말해.
으, 응.
술값은 내가 낸다
과장월급이 얼마나 되겠냐

과거에 놀던 친구라고 무시했다가 큰 코 다치셨군요. 앞으로는 기업도 성장보다는 배당성향 등에 관심을 더 가지게 될 것입니다. 과거의 잣대로만 미래를 재단하지 말고, 변화의 흐름을 잘 읽어 보시기 바랍니다.

과거의 잣대로만
미래를 재단하지 마라

'한국의 월 스트리트'로 불리는 여의도의 밤 문화가 달라지고 있다. 단란주점과 룸살롱이 사라지고 그 자리에 카페와 바가 들어서고 있는 것이다. 밤새도록 흥청망청 술을 마시는 문화가 젊은 층을 중심으로 점차 사라지고 있기 때문이다. 주5일근무제를 실시하는 기업이 늘어나는 바람에 금요일에 술을 마시는 증권맨이 줄어들고 있는 것도 한 원인이다.

업주 입장에서는 주5일근무제가 매출의 20%를 깎아먹고 있는 셈이다. "우리 경제 현실에 비추어볼 때 주5일근무제 도입은 너무 성급하지 않느냐?"라는 논란이 끊이지 않고 있지만, 실생활 측면에서는 손익계산서를 새롭게 쓰게 만들고 있다.

기업들의 배당 관련 뉴스를 꼼꼼히 챙겨보면 실물시장의 대세가 바뀌고 있음을 읽을 수 있다. 2003년 초 IT 분야의 대명사인 미국의 마이크로소프트(MS)가

사상 처음으로 주주들에게 배당금을 지급했다.

'주주 중시의 나라'에서 세계 최고의 기업이 그 때까지 배당을 하지 않았다는 사실은 단연 각국 투자자의 이목을 끌었다. 비슷한 시기에 우리나라 증시의 '대장주' 삼성전자는 1조 원 규모의 주식 소각을 결의했다.

고성장 기업이 배당과 주식 소각 등에 관심을 갖는 것은 성장국면이 일단락된 것으로 볼 수 있다. 성장을 위한 재투자보다는 분배 쪽으로 방향이 이동하고 있다는 증거다. 따라서 앞으로는 기업의 성장성보다는 배당성향 등에 관심이 좀더 커질 수밖에 없다. 과거의 잣대로만 미래를 재단해서는 안 된다. 그래서인지 펀드매니저가 가장 좋아하는 주식은 신기술로 시장을 열어가는 '무서운 신예'들이다.

형님.

왜 이리 호들갑이야?
지금 코끼리파 녀석들이 우리 구역 일부를 접수했습니다.

뭐야! 그럼, 그걸 가만히 보고만 있었단 말야.
콰
죄송합니다. 형님. 손을 썼을 땐 이미…

그걸 변명이라고 하고 있어!
빠져가지고..

그나저나 코끼리파 녀석들 도대체 뭘 믿고 설쳐대는 거지.

이 지역에서 규모도 제일 크고, 전통이 있는 우리 거물파에 도전장을 내밀다니.

모두 쓸어버려!
와
와

꿈 속에서 소중한 경험을 하셨군요. 주식시장에서 보면 거물파와 같은 조직은 병든 코끼리라고 할 수 있습니다. 하지만 코끼리파처럼 거대하면서도 유연한 기업들도 꽤 있죠. 주식을 살 땐 이렇게 유연하게 "춤추는 코끼리"를 잘 골라야 할 것입니다.

거대하지만 유연한 조직이 살아남는다

유럽연합(EU) 회원국들은 서슴지 않고 미국을 '병든 코끼리' 라고 표현한다. 유로화가 달러화에 대해 강세를 보이는 것만 봐도 잘 알 수 있다고 큰소리를 친다. 무소불위(無所不爲)를 자랑하던 '킹(King) 달러' 를 제압한 것을 대견해 하는 모양새다. 경제전문가들도 달러 약세가 미국 경제의 체질 약화에서 비롯됐다며 유럽인들의 손을 들어주고 있다. 한 마디로 미국은 덩치만 클 뿐, 전혀 힘을 쓰지 못한다는 뜻이다.

폴 오닐(Paul O'neill) 전 미국 재무장관은 "일본은 더 이상 세계 경제의 엔진이 아니며 기관차에 끌려가는 화물칸"이라고 말했다. 일본도 '노쇠한 코끼리' 가 되었다는 뜻이다. 중국과 인도의 부상도 선진국들에겐 버거운 일이다.

바야흐로 세계는 지금 '코끼리 전쟁' 중이다. 서로 나약하다며 다투고 있는 양상이다. 21세기 세계 경제의 맹주가 되기 위한 주도권 싸움의 성격도 띠고 있다. 환율의 움직임에 따라 국제공조의

틀이 느슨해진 것도 이 때문일 것이다. 미국의 유명한 경영자 잭 웰치는 거대기업인 GE를 각고의 노력 끝에 '춤추는 코끼리'로 만들었다. 거대하지만 유연한 조직, 그것이 글로벌 경쟁에서 이기는 길이다. 공정거래위원회가 대기업의 출자총액제한제도와 순환출자금지제도 도입 방침을 자주 내비치면서 대기업의 성장에 발목을 잡으려는 현실은 차라리 처량하다. 돋보기를 모두 갖고 있는 마당에 뭐가 그리 걱정스러운가.

우리나라 주식시장에도 삼성전자·현대자동차·포스코 등 거대하면서도 유연한 '춤추는 코끼리'들이 있다. 그야말로 우량주 중에 우량주라 할 수 있다. 거대한 조직의 주가가 지지부진하게 움직이는 반면 이런 주식은 시세를 타고 위로 앞으로 뻗어간다. 새로운 기술이 개발되고 눈에 띄는 실적이 뒷받침되면서 매년 새로운 시장, 새로운 주식의 역사를 써간다. 이들을 따라갈 깜찍한 아기 코끼리를 고르는 재미도 쏠쏠하다.

시장에는 이런 선발주자를 위협할 무서운 신예들이 많다. 폭발적인 매출과 이익의 증가로 덩치가 커져 점차 '춤추는 코끼리'가 되가는 모양이다. 이런 종목을 발굴하여 기업에 투자한다는 생각으로 여유 돈이 생길 때마다 묻어두면 훗날 큰 수익으로 돌아와 우리를 기쁘게 한다.

와! 드디어 인천공항 도착!
우웅웅
입국
아, 김치찌개 생각난다.
며칠 안 됐는데도 한참 있다 온 것 같아요.

그렇지. 저기 환전소 있다. 달러나 바꾸고 가자.

이번엔 꽤 많이 남았네. 나갈 때 1,100원 씩 주고 샀으니까…

과장님, 그새 환율이 많이 올랐어요.
그래?

1,200원?
돈이 100달러나 남았는데, 앉아서 10,000원 벌었네.

이거 아무래도 괜찮은 장사 같아. 이럴 때 비상금을 한번 불려 보자. 흐흐흐

용돈 벌이를 하려다가 비상금
마저 일부 손해 보셨네요.
환율은 국가 간 힘겨루기를 온
몸으로 표현해주는 것이기 때문에
잘 살펴야 합니다. 특히 예상을
뛰어넘는 환율 변화는 주식시장에
부담을 줍니다. 주식을 투자할 때
환율 추세도 잘 살펴보세요.

주식 투자자의 필수과목, 환율!

원화 강세는 원화가치가 미 달러화 등 외화가치보다 올라간다는 뜻이다. 교과서에는 이와 같은 경우 수출 업계는 불리해지고 수입 업계는 유리해진다고 씌어 있다. 원화가치는 왜 올라갈까? 영국의 〈이코노미스트(Economist)〉지는 이른바 '빅맥' 지수라는 것을 정기적으로 발표한다. 각국 통화의 실질 구매력과 물가 수준을 평가하기 위한 것이다.

"맥도날드 '빅맥' 햄버거의 한국 판매가격은 3,100원이다. 이를 달러화로 환산하면 2.36달러가 된다. 같은 날 미국의 빅맥 가격은 2.49달러로 한국의 빅맥 판매가가 미국보다 5%가량 싸다. 실질구매력을 따질 때 그만큼 저평가돼 있는 셈이다. 엔화와 유로화도 달러화에 대해 각각 19%, 5%씩 저평가되어 있다(2003년 2월)."

환율은 일종의 자장(磁場)이다. 빨아들이지 않으면 빨려 들어가는 세계 경제의 역학구조에서 환율은 항상 접점에 있다. 국가 간의 힘겨루기를 온 몸으로 표현해주기 때문이다. 그것은

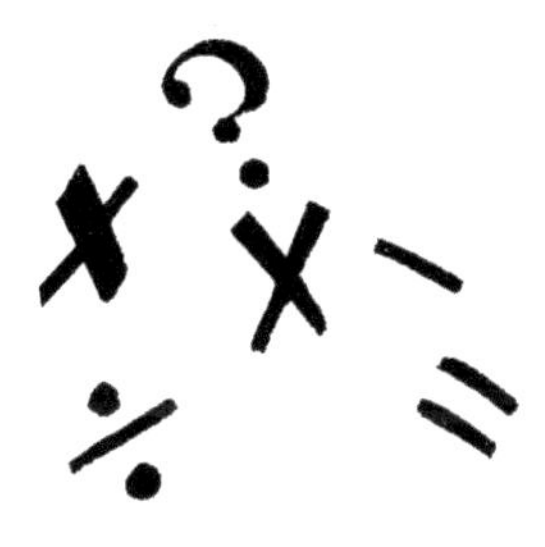

수급 때문일 수도, 펀더멘털 탓일 수도 있다. 지난 1997년 IMF 금융위기 때는 환율 급등세가 경제위기의 구조신호였다.

주식투자자는 불확실성을 가장 싫어한다. 예상을 뛰어넘는 환율 변화는 시장에 부담을 준다. 환율은 항상 상대적이며 빛과 그늘을 동반한다. 추세가 완만한지, 급격한지는 꼭 챙겨보아야 할 체크포인트다. 속도와 폭이 커지면 근심이 쌓여갈 수밖에 없다.

그러나 어차피 한국은 수출로 먹고사는 나라다. 환율변동에 따라 이익의 크기가 좌우될 수 있지만 기업경쟁력을 근본적으로 훼손시키지는 않는다. 환율변동기에 내공을 쌓는 기업들과 그렇지 않은 기업을 골라볼 있다는 점은 역설적이지만 환율이 주식투자자에게 선사하는 선물이다.

오! 원더풀!
죽입니다~
나는 킹!
흔히 왕이라고
하지.

원더풀 코리아!
끝내 줍니다.
짜식!

한국의 고궁을
둘러보신 소감은
어떠세요?
들던대로 한국은
정말 아름다운
나라군요.

벌써
점심시간이네.
특별히 드시고
싶은 한국 음식이
있나요?

전주 비빔밥
비. 빔. 팝..
1그릇
7000원

핫. 핫!
졸라 맵다~
고추장 얼마 안
넣었는데.

우리 나라에 대한 외국인의 평가는 극과 극에 달할 때가 있습니다.
문화의 차이 때문이죠. 특히 주식시장에서는 주어진 상황에 따라 철저히 이익에 따라 한국을 칭찬하기도 폄하하기도 합니다.
외국인 투자자는 '천의 얼굴'을 가지고 있지만, 지금은 외국인의 평가를 따를 수밖에 없습니다. 그러니 외국인의 평가를 잘 살펴보아야 할 것입니다.

외국인 투자자의 평가를 주목하라

이상한 줄자가 있다. 어떤 때는 느슨하게 풀어져 넉넉한 인심을 자랑한다. 그렇지만 시간이 흘러 손님이 바뀌면 바짝 당겨져 팽팽해진다. 줄자는 분명 절대 길이를 갖고 있지만 미세한 밀고 당김을 알아채기란 쉽지 않다. 종종 사람들은 착시현상에 빠지기 때문에 절대 길이가 존재하기 어려운 것이다.

주식시장도 착시현상이 또 다른 착시현상을 낳는 곳이다. 마치 마음대로 늘어났다 줄어드는 줄자처럼 말이다. 특히 우리나라 시장에 대한 외국인 투자의 평가는 마치 '이상한 줄자' 와도 같다. 우리나라 시장에서 "바이(buy) 코리아"를 외칠 때는 '코리아 프리미엄' 을 강조한다. 그들이 강조하는 코리아 프리미엄은 IT 산업을 중심으로 한 한국의 높은 경쟁력이다. 불황기에도 플러스 성장률을 기록하는 경제 펀더멘털도 추켜세운다.

그러나 "셀(sell) 코리아"에 나설 때는 IT 산업 의존도가 높

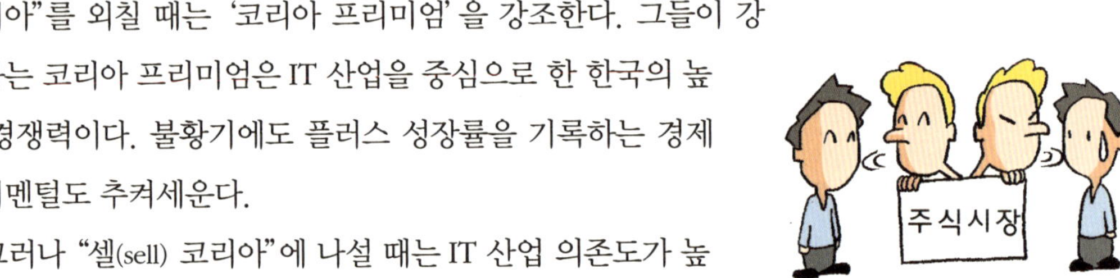

은 나라, 지정학적 리스크가 큰 나라로 매도한다. 이 같은 평가의 '접점'에는 삼성전자가 끼여 있다. 외국인이 삼성전자 주식을 사는 날이면 삼성전자는 물론, 종합주가지수도 상승세를 지킨다. 그 반대의 경우에는 질겁하며 '팔자'가 이어진다. 대장주 삼성전자에 대한 평가가 줄자처럼 늘어지면 지수에 큰 부담이 된다. 우리나라 주식시장 전체에도 좋을 것이 없다.

외국인 투자자는 '천의 얼굴'을 갖고 있지만, 지금은 어차피 그 우산을 쓸 수밖에 없는 형국이다. 외국인 투자자에게는 주눅 든 우리나라 투자자가 또 다른 '코리아 프리미엄'의 한 요인이 아닐까?

2006년을 보자. 한국 주식에서 가장 높은 수익률을 거둔 집단이 바로 외국인이었다. 그 뒤를 기관과 개인이 따르고 있다. 말하자면, 외국인이 사면 따라서 사고, 팔면 따라서 판 사람이 가장 높은 수익률을 거둘 수 있었다는 말이 된다. 그러나 외국인이 한 종목을 매수하기 시작하면 오히려 주가가 밀리는 경우도 자주 볼 수 있다. 장기적으로 가치투자를 하는 외국인이 들어왔다는 건 단기간에 오를 가능성이 없다는 말도 된다는 믿음 때문에 개인 투자자들이 더 빨리 열매를 줄 종목으로 갈아타기 때문이다. 아이러니가 아닐 수 없다.

P · A · R · T
03

숲의 움직임을 주목하라
주식시장 변수 읽는 법

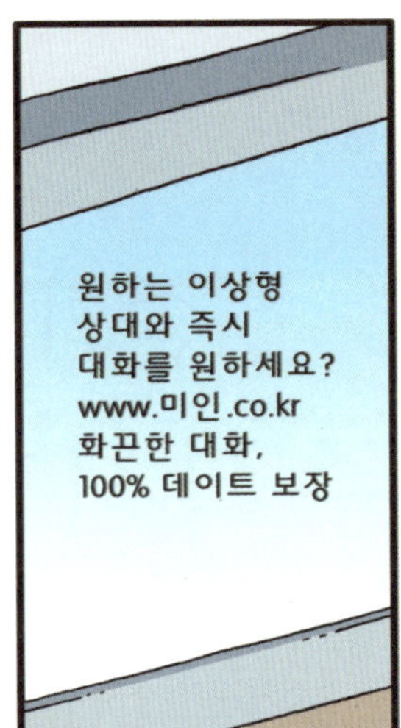

내가 쏜다님이 입장하였습니다.

일탈 : 하이루 방가방가.
내가쏜다 : 안녕하세요?
일탈 : 호호호. 처음이신가봐요?
내가쏜다 : 회사일이 바빠서...
일탈 : 저도 이번이 두 번째.

일탈: 회사는 어디세요?
내가쏜다: 역삼동입니다.
일탈: 어머·강남이네요.
내가쏜다: 시간 괜찮으시면 점심이라도 같이 하시죠?
일탈: 음... 좋아요. 그럼 내일 점심에…
내가쏜다: 감사. 내일 제가 확실히 쏩니다. 내일 뵈요.

성공!
으하핫

하얀 모자를 쓰고 있겠다고 했는데….
저기 있군.

실례합니다. 혹시 '일탈'님….

히익!
다, 당신이 여기 웬일이야. 당신이 혹시 일. 탈.
아니, 그럼 당신이 '내가쏜다' ?

이 여자가 채팅해서 남자나 만나러 다니고.
벌컥 벌컥
그러는 당신은? 입 헤 벌리고 여자나 꼬시고,

저 뽀샵에 내가 속다니. 어쩐지 많이 낯이 익더라니…. 어이구~내 팔자야.

나대로 여사님, 뽀샵이 제대로 성공했네요. 기과장님 그러기에 확인을 잘 하셨어야죠. 주식에 투자할 때에도 눈에 보이는 것만 판단해서는 낭패를 볼 수 있습니다. 투자를 할 때에는 눈이 보이지 않는 행간의 의미를 잘 파악해 투자하지기를 바랍니다.
나한테 투자하슈~
네 속 다보인다. 다보여.

눈에 보이는 게 전부가 아니다

 예나 지금이나 달력에 나와 있는 전국 8도(道)의 풍경은 대부분 '진경산수(眞景山水)'를 담고 있다. 그러나 달력 풍경은 대체로 실제보다 과장된 표현으로 이루어져 있다. 발품을 팔아 실제 풍경을 확인하면 '그러면 그렇지' 라고 아쉬워하기 십상이다. '혹시나' 가 '역시나' 인 것이다.

달력 속의 풍경을 '캘린더 뷰(calendar view)' 라고 부른다. 이 말에는 특정 장소의 가장 아름다운 모습만 담아내고 있다는 비아냥이 들어 있다. '착시 현상' 을 노리고 있다는 의심도 받는다. 주식시장에서도 마찬가지다. 상승기 때는 이 같은 일이 자주 벌어진다. 투자자들은 호재성 재료만을 모으려고 한다. 달력에 어울리는 그림만 화보집에 담는 셈이다.

눈에 보이는 게 세상사의 전부가 아닐 수 있다. 따라서 그 이면의 신비감에 도취되어 모험에 나서기도 하고, 보이는 것에 지레 겁을 먹고 스스로 무너지기도 한다.

최근 주식시장의 특징은 투자자들 사이에서도 판단이 엇갈릴 정도로 뒤배경이 빠르게 바뀌고 있다는 점이다. 따라서 그 배경이 캘린더 뷰인지, 실제 모습을 반영하는지를 잘 따져봐야 한다. 재미있는 것은 주식투자 자체가 고도의 심리전이기 때문에, 예컨대 삼성전자가 '놀라운 실적'을 냈는데도 이를 '캘린더 뷰'라고 주장하는 세력이 나타나기도 한다는 점이다.

가족에게 충실하겠다며 46세에 월 스트리트를 떠난 전설적인 펀드 매니저 피터 린치의 독설을 떠올릴 만하다. "당신 스스로 직접 투자하기로 결정했다면 독자적인 길을 가야 한다. 이는 최신의 기밀정보와 루머, 브로커의 추천 및 각종 투자정보지의 관심종목 추천 따위를 무조건 믿어서는 안 된다는 의미다."

도대체가…
성적표.
35명 중 30등
글적 글적

넌 누굴 닮아서 이렇게 공부를 못하니.
웬수~
엄마, 다음부터 열심히 할게요.

아니, 남들처럼 학원도 보내주고, 과외도 하고 안 해주는 것도 없는데 성적이 이런 이유가 뭐야?

딩—동
아빠다.
휴다닥

아빠 다녀오셨어요?
짝 짝
그래. 우리 우량이.

당신은 왜 그리 기분이 안 좋아?
제가 들어드릴게요 아빠마마~
이것 좀 보세요. 당신 아들 학교 성적이 엉망이에요.
성적표

어디 보자.

우량이 위로 아직도 많이 있네. 허허.

당신은 이 상황에서 웃음이 나와요?
뭐가 어때서 그래. 우량이도 할 만큼 한 건데.

그래도 지난 번보다 많이 올랐는걸. 허허허.
우량이 다음부터 더 열심히 할 거지?
그럼요, 다음에는 더 열심히 해서 실망시켜드리지 않을게요.

부전자전....
쌍으로 꼴깝을 떨어요.
성적향상
부장진급
공부
공부
진급

엄마한테 혼이 나 기가 죽어있던 우량이가 든든한 지원군을 얻었군요. 자신감도 갖게 되었고요.
주식시장에서도 이렇게 기업의 전체 상황이 안 좋다 하더라도 비교시점보다 좋아지게 되면 시장은 강세로 바뀌게 됩니다.
기죽은 당신. 파이팅하세요!

비교시점보다 좋아지면 '굿!'

주식시장은 역설이 또 다른 역설을 낳는 비논리의 경연장이다. "예상보다 더 나쁘지 않다"라는 판단이 호재로 자리잡는 경우도 있다.

사진을 찍을 때 사람들은 배경을 중시한다. 배경에 따라 포즈가 달라지기도 한다. 실내에서 찍을 때와 실외에서 찍을 때 취하는 포즈가 다르다.

지난 2002년 미국에서는 '1센트 효과'가 나타났다. 당시 야후(Yahoo)의 2/4분기 실적이 주당 0센트에서 1센트로 높아졌다는 소식이 미국 증시를 달군 것이다. 주가가 내릴 만큼 내렸다는 인식과 앞으로 더 좋아질 것이란 기대감이 상승 작용을 일으킨 셈이다.

주식시장에서는 1센트가 시장을 웃고 울리는 것보다 더 황당한 국면으로 나타나기도 한다. 이를테면 예상치보다 실적이 좋아졌다고 해서 박수를 보내기도 한다. 적자폭이 줄어든 게 대표적이다. 본질적으로 여전히 부실의 늪에 빠져 있는

데도 투자자들은 이 같은 기업에 박수를 보낸다.

낙관론도 어찌 보면 우스꽝스러운 생각에서 출발한다. 올해의 상황이 워낙 나빴기 때문에 내년에는 조금만 호전되어도 그 차이가 크게 보일 것이란 분석이 나오면 시장은 강세장으로 바뀐다. 이른바 '베이시스 이펙트(basis effect)' 가 증시에서도 자주 나타난다. 비교시점보다 좋아지면 '굿' 으로 받아들이는 것을 말한다. 그렇지만 추세반전을 확인하지 않으면 '굿' 이 '화근' 으로 바뀔 수 있다.

이 대목에서 '영혼의 투자자' 로 불리는 존 템플턴 경의 경구를 새겨둘 만하다. "'이번 달에는 달라(This time is different.)' 라고 말하는 투자자들은 주식시장에서 가장 비싼 이 네 단어의 대가를 치르게 된다. 실수를 저질렀던 상황을 확실하게 통찰하지 않고선 결코 상황을 반전시킬 수 없다."

특히 등락이 불안정한 코스닥의 경우, 호재성 재료 하나로 주가가 급등을 하기도 한다. 기업이 좋아져 오른다기보다는 누군가가 재료에 의지해 억지로 끌어올리는 것일 수도 있다. 이런 주식의 끝은 불을 보듯 뻔하다. 오를 만큼 올라 그 누군가의 배가 부르면 매정하게 내동댕이 쳐버린다. 이때 상처를 입는 건 죄 없는 개인투자자뿐이다.

시끌
시끌
시끌
한 잔 하자!

너 직장은 제대로
다니니?
넌 너무 FM이야.
어,,, 그냥
평범한 회사에
다녀.

그럼, 그렇지. 넌,
너무 재미없어.
그러니 나한테 차이지.
아직도 나 좋아하냐?
ㅋㅋㅋ

내가 그렇게 재미없니?
그래도 요즘엔 나름대로
열심히 노력중이야.
하하하. 그래서
개그맨이라도
됐냐. 하하하.

너 아직 모르는구나.
성실이 요즘 잘
나간다던데.
?

맞아, 맞아. 나
얼마 전에 신문에서
성실이 기사 나온
거 봤어.

잘 생기고 유머 있는 남자들에 가려 빛을 못 보던 성실 씨가 인기만점이 되었네요. 주식시장에서 보면 최근 들어 IT주에 가려있던 구 경제주가 투자자들의 관심을 받고 있는 것을 알 수 있습니다.

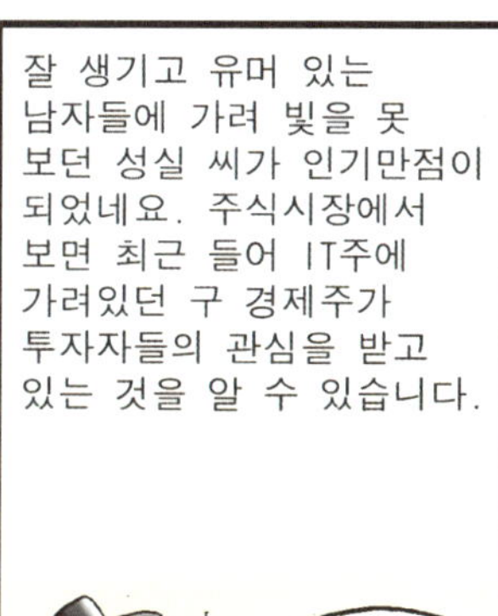

아무도 거들떠보지
않았던 주식

그림을 배우기 시작하는 어린이들이 자주 그리는 것 중의 하나가 가족의 얼굴이다. 자녀가 할머니, 아버지, 엄마, 동생 등을 그리면서 정작 아버지의 모습은 꼬마인 자신보다 작게 그려놓은 것을 보고 깜짝 놀랐던 기억이 있는 아버지들이 많을 것이다. 가족과 함께 어울리는 시간이 절대적으로 부족한 아버지의 모습이 동심(童心)의 눈에는 난쟁이로 비쳐지는 것은 어쩌면 당연할지도 모른다.

최근 몇 년 간 꼬마의 눈에 비친 아버지 상(像)처럼 '구(舊) 경제주'는 주식시장에서 스포트라이트를 받지 못했다. IT라는 신기루가 눈을 멀게 했기 때문이다. 그러나 최근 들어 구 경제주의 모습이 점차 커 보이기 시작한다. 특히 꾸준히 속살을 채우면서 배당 여력이 커진 구 경제주가 군침을 돌게 하기 때문이다.

주가와 인간사도 알고 보면 일맥상통한다. "기르던 말이 어디론가 도망을 갔으나 후에 짝을 데리고 온다. 그러나 말 타기를

좋아하는 아들이 말을 타다 낙마, 그만 다리를 다치는 불행을 당한다. 후일 그 아들은 전쟁에 출전하지 않게 되어 죽음을 면한다.”‘새옹지마(塞翁之馬)’의 고사다.

사실 구 경제주는 최근 들어 IT주의 그늘에 가려 잔뜩 기가 죽었던 터다. 아무도 거들떠보지 않았던 주식들이 투자자들의 관심권 안으로 돌아오고 있다. 이 또한 ‘새옹지마’인 셈이다. 내용이 좋은데 화석처럼 굳어 있는 주식은 없다. 그리고 어느새 구경제니 신경제니 하는 경계목도 사라지고 있다. ‘융합(fusion)’이라는 이름의 뉴 트렌드가 만들어낸 결과다. 온라인과 오프라인이 뭉쳐야 살 수 있는 시대다.

와~
아빠 빨리
오세요.
와~

오~
주기는데

잘한다. 애 보는
앞에서. 그만 침
흘리고 우량이랑
놀아줘요.
커억!

우헤헤
받아랏!
우악
!!!

와~ 정말 멋있다.
아빠, 아빠도 저거
할 줄 알아요?

그럼, 아빠가 젊었을
땐 날아다녔지.
그럼, 한번
보여 주세요.
푸슷
와~

쩝....
사람이 너무
많네. 다음에
보여줄게
아빠, 보여줘요.
못하면서 할 줄
안다고 한 거
아니에요?
뻥인거
다알아!

‘서핑’을 잘하던 사람들도 수시로
바뀌는 파도 때문에 어려워합니다.
그런 서핑을 아들 앞에서 무모하게
도전하시다니요.
주식시장 또한 파도처럼 예측 불가능한
일들이 많이 생깁니다. 때로는 예측보다는
흐름에 편승하는 것이 필요한 이유이지요.

예측보다는
흐름에 편승하는 것도 방법

경제흐름을 예측하기란 사실상 불가능하다. 마치 일기예보와 비슷하다. 미국에서는 맥도날드(McDonald) 체인점의 아르바이트생 모집광고나 주유소의 할인율로 경제를 예측하는 학자가 있다. 19세기 말 영국 경제학자인 윌리엄 스탠리 제본스는 장기적인 일기 전망을 이용, 수확 예측을 하기도 했다. 그러나 이 같은 예측은 일종의 '노하우'라고 할 수 있기 때문에 빗나가도 할 말은 있게 마련이다.

전설적인 펀드 매니저인 피터 린치는 "매력적이라고 생각되는 회사를 발견할 수 없다면 그런 회사를 발견할 때까지 은행에 돈을 맡겨두어라"라고 말했다. 특정 시점에 투자할 만한 회사가 없을 수도 있다는 뜻으로 해석되는 대목이다.

기업의 경쟁력에 관심이 컸던 필립 피셔는 경기예측을 폄훼했다. "장기적으로 볼 때 경기예측이 정확히 맞아떨어질 확률은 평균적으로 10분의 1을 크게 넘지 못한다고 생각한다. 어쩌면 시간이 흐를수록 이 확률은 더 떨어질지도 모른다.” 경기를 예측하고, 그를 근거로 투자하면 낭패를 볼 수 있다는 점을 시사한 것이다.

'가치 투자자' 입장에서는 그럴 수도 있다. 그러나 꿈을 먹고사는 주가의 속성을 볼 때 “더 나빠지지는 않겠지”라는 투자자의 현실 인식이 주가를 밀어 올리는 경우도 있다. 가치주만이 투자에게 보답한다는 것은 진리가 아니다. 어느 날 갑자기 개나리가 피듯이 주가가 상승세로 방향을 잡거나, 하락세로 돌아서는 원인을 찾지 못하는 경우도 있다. 때로는 예측보다는 흐름에 편승하는 것도 한 방법이다.

콕 콕
일요일 아침부터
어디가는거야?
좋은 데 가죠.
호호호.
부시시..

당신 요즘 이상해.
애인이라도 생겼어?
왜, 용돈이라도
주시게요?

이제 못하는
소리가 없네.
쯧 쯧

그렇게 매일 돌아
다니니
우량이 성적이
그 모양이지.
뭐예요?
지금까지 결혼해서
애만 키웠어요.

우량이도 커서
친구 좀 만나려고
하는데 그게
무슨 말이에요!

남편이
아녀.
웬수지!
콰앙

내가 너무했나?
괜히 뒤가 구리네.

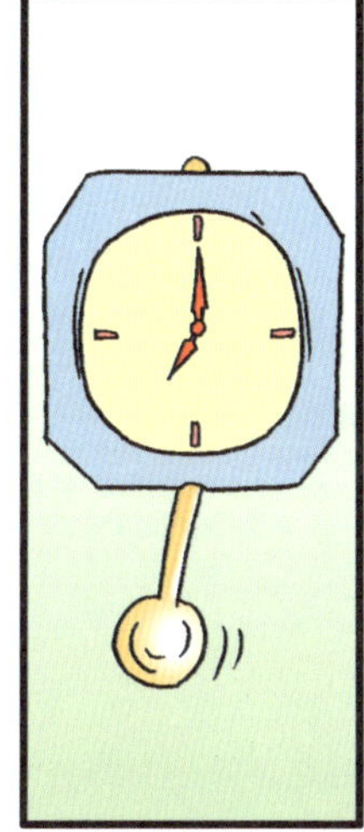

탁
탁!
보골 보글
아빠 조심해.
손 자르겠다.

딩 동 ~
엄마다!

마마! 다녀
오셨습니까?
맛있게 밥도
해놓았습니당~

어디 아파요?
갑자기 왜 이래요?

왜 그러긴. 당신
지금까지 고생했는데
이 정도야...
그리고 한 달 뒤에
해외로 휴가 좀
다녀와.
비행기표
예약해 놨어.
정말이요?
오래 참고 살다
보니 좋은 날도
있네.
나도 숙제
다했지롱~

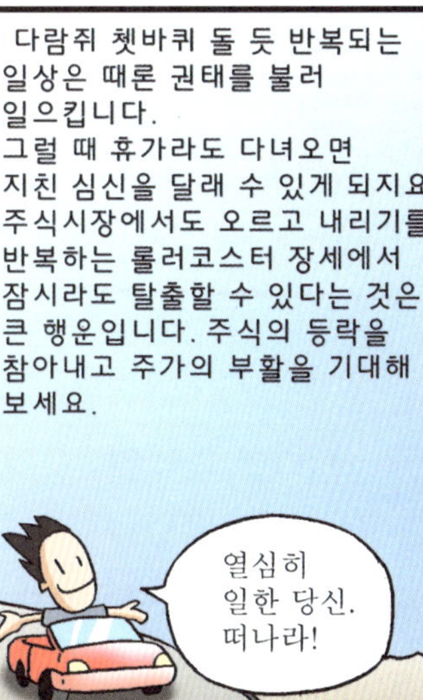
다람쥐 쳇바퀴 돌 듯 반복되는
일상은 때론 권태를 불러
일으킵니다.
그럴 때 휴가라도 다녀오면
지친 심신을 달래 수 있게 되지요
주식시장에서도 오르고 내리기를
반복하는 롤러코스터 장세에서
잠시라도 탈출할 수 있다는 것은
큰 행운입니다. 주식의 등락을
참아내고 주가의 부활을 기대해
보세요.
열심히
일한 당신.
떠나라!

쉬는 것도 투자다

　　한 시인은 "한여름 폭염보다 더 뜨겁게 매미가 운다"라고 노래했다. 매미는 통상 4~6년 동안 땅 속에서 유충 상태로 있다가 성충이 돼서는 고작 1주일밖에 살지 못한다. 이 같은 이유로 고대인들은 매미를 불사(不死)와 재생의 상징으로 여겼다.

　　증권 1번가인 서울 여의도의 매미 소리는 유난스럽게 요란한 것으로 유명하다. 도시의 온갖 소음을 잠재울 듯한 기세로 울어댄다. 그리고 높아지는 매미 소리에 따라 하나둘 휴가를 떠나는 사람도 늘어난다. 다람쥐 쳇바퀴 도는 듯한 일상에서 벗어나는 바캉스는 '꿀맛'이다. 특히 오르고 내리기를 반복하는 롤러코스터 장세에서 잠시라도 탈출할 수 있다는 것은 큰 행운이다.

　　바람이 불지 않으면 돛을 내려야 한다. 바람을 받지 못하는 돛은 선원들에게 부담이 된다. 주식시장도 마찬가지다. 상승세가 꺾인 주식시장에서 필승을 고집하면 득보다는 실이 많아진다. 전설적 펀드 매니저인 필립 피셔는 "대부분 투자자들은 더 이상 보유하고 싶지 않은 주식이지만 다른 이유 없이 '최소한 본전은 찾겠지'라며 고집을 피워 치명적인 손실을 입는다"고 말했다. 급격하게 떨어지는 주식을 잡으려는 건 날카로운 칼날을 잡는 것과 다르지 않다는 경고인 셈이다.

하지만 대부분의 투자자가 쉬는 것을 두려워한다. 쉬는 동안 보유한 주식이 폭락하지는 않을까, 나에게 대박을 줄 종목을 놓치지는 않을까 하는 의심이 머리를 떠나지 않는다. 다른 종목은 다 떨어져도 내가 살 종목은 오를 거라는 망상도 머릿속에 맴돈다. 그때는 보유한 종목을 모두 처분하고 주식을 깨끗이 잊는 것도 좋다. 그러면서 자신의 매매법을 반성도 하고, 새로운 지식을 습득할 기회도 갖자. 증권사는 투자자의 이런 심리를 이용해 주식을 팔아도 바로 현금으로 전환할 수 없도록 해놓았다. 주식을 쉬자고 다짐하지만, 다음날 증권계좌에 남은 현금을 보면 다시 사고 싶은 마음이 굴뚝의 연기처럼 샘솟는다. 자연히 휴가는 연기되고 투자는 계속된다.

더 큰 문제는 투자란 사고팔아야 제맛이라고 믿는 것이다. 사고팔고를 반복하다보면 눈곱만큼의 수익이 나기도 하지만 수수료가 수익을 앞지르곤 한다. 결국 남는 건 손실뿐이다. 주식에서 완전히 손을 떼는 것도 휴식이지만 이처럼 보유한 종목을 수시로 바꾸지 않는 것도 휴식에 해당할 것이다. 이를 위해서는 주식에 대한 확신, 보다 정확히 말해 그 주식을 발행한 회사에 대한 믿음과 확신이 있어야 한다. 예를 들어 차트만 보고 많이 떨어졌으니 오를 종목이라 단정하고 무작정 보유한다면, 그건 휴식이라 말할 수 없을 것이다.

그러나 매미처럼 인고의 세월을 참아내면 언젠가 주가 부활의 노래를 부를 수 있다. 회사가 망하지만 않는다면.

김대리! 이번에는
한번 잘해보자고.
그래야죠. 매번 기획
1팀에 밀렸었는데….
화이팅!!
좋습니다!

속닥
속닥

기획2팀이 이번에는
심상치 않은데요.
그래?
기획2팀이….

흠흠.

기획2팀이 대단한
거라도 준비하나?
본부장님
오셨어요?

아직은 저희도 모르겠습니다. 더 열심히 해야죠.
선의의 경쟁을 통해 좋은 결과 내주세요.

기과장!
'기획2팀도 드디어 정신을 좀 차리는군.'

기획2팀에서 이번에 대단한 걸 준비 한다면서요?

무슨 말씀이신지….
? ? ? ? ?

소문 다 났어. 발빼기는…. 그럼 좀 전에 김대리랑 비밀얘기 한 거는 뭐야?

그거요? 점심에 삼계탕 먹으러 가자고 한 건데. 그래도 이렇게 관심을 가져주시니 고맙네요.

그러면 그렇지.
저 인간을 꽉 짤라버려??
○○식당 삼계탕 죽이는데…
본부장님 가치 가시죠 1팀장도 같이 가자구
한심

논쟁이 뜨거울수록 관심은 집중됩니다. 주식시장에서도 논쟁이 뜨거우면 주가는 어떤 식으로든 몸부림하게 됩니다.
내가 뭘 잘못했다는 거야!

논쟁이 뜨거울수록
주가는 약발을 받는다

세상이 시끄럽다. 정치권에서 잉태된 '네 탓' 공방과 편 가르기는 가히 백화제방(百花齊放) 시대를 떠올리게 한다. 온갖 꽃이 만발하는 것처럼 많은 사람들이 각자의 주장을 펴는 것이 백화제방 아니던가.

나라경제를 놓고 전문가는 물론 국민 모두가 제목소리를 내는 시대다. 수출비상, 내수침체, 금리논쟁, 부동자금의 행방 등이 단골 주제다.

이럴 때 주가의 바닥 논쟁이 뜨거워진다. "곧 실물경기가 살아나니 저점 매수에 나서라"라는 주장과 "바닥을 확인할 만한 증거는 없다"라는 주장이 팽팽하게 맞선다. 돌이켜보면 움직이는 것이 큰 방향을 틀 때 격렬한 논쟁이 벌어지곤 했다. 증시 주변에서 논쟁이 뜨거워지면 주가는 어떤 식으로든 몸부림을 친다. 논쟁이 뜨거울수록 주가가 약발을 받는다. 백화제방은 싸움의 시작이지만, 뒤집어보면 문제 해

결의 첫 단추를 푸는 계기로 볼 수 있다.

기술분석가의 대부로 통하는 니콜라스 다비스는 "주가변동이란 결코 우연히 발생하지 않는다"고 말했다. 그의 말을 계속 들어보자. "주가란 어디로 튈지 모르는 공이 아니다. 마치 자석에 이끌리듯 미리 정해진 방향으로 상승 또는 하락하며, 일단 하나의 방향이 정해지면 한동안 그 방향으로 계속해 움직이는 경향이 강하다." 맞는 말이다. 상승장에서 오르는 이유를 찾는 것은 의미가 없다. 굳이 이유를 대라면 '그냥 오르니까' 다.

"봄을 찾기 위해 산과 들을 헤매다가 심신이 지친 사람이 주저앉은 채, 눈을 들어보니 바로 앞에 있는 매화가지에 봄이 와 있더라." 두보(杜甫)가 지은 이 시구는 두고두고 음미할 만하다.

사모님, 또 떨어졌어요?
호호호. 7전 8기란 말도 있는데, 뭘.
연습이나 제대로 하세요. 출발~
그나저나 면허 따고 제대로 돌아다닐 수 있을지 걱정이네.

사모님 면허부터 따세요. 그럼, 신천지가 펼쳐질 테니까요.
정말이에요? 자, 그럼 출발합니다.
부르릉

나대로 씨 합격!

야호! 합격이다. 그럼 이제부터~
축하해요~

부우웅~

오늘은 어디로 드라이브 갈까요?
그나저나 나여사 운전 잘하네.
나여사 잘 아는 곳으로 가봐.

이 정도 가지고 뭘요.
호호호

길은 어쩜 그리 잘 찾아?
아주머니도 면허 따 보세요. 정말 신천지가 열린다니까요.

어, 어. 나여사 조심해.
으악!

끼히이익

콰앙

이를 어째.
피해자는 난데…
아이고~ 별 천재가 따로없네..

비록 사고가 나긴 했지만, 운전면허를 따고 새로운 경험을 시도한 나여사님의 열정에 박수를 보내고 싶네요. 증시 또한 정점을 찍은 이후 지속적인 상승세를 보이는 경우가 많이 있습니다.
뭐라구여? 배 째라구여?
젊은이가 말이 거칠구만~

일단 관문을 열면 신천지가 펼쳐진다

한창 시험을 준비하는 사람들은 '시험 통과'에만 목숨을 건다. 그 후를 생각하는 사람들은 많지 않다. 이른바 관문을 열어젖히는 데 혈안이 되어 있는 것이다. 그렇지만 일단 관문을 열면 신천지가 펼쳐진다. 그것이 세상의 이치다.

'어, 어?' 하고 오르는 주가가 어느덧 저항선을 잇달아 뚫고 대세 상승의 모습을 보이는 때가 있다. 지난 2002년 가을에 900포인트 선을 넘어 1,000포인트 선을 노릴 때가 그랬다. 물론 수급과 재료가 주가 상승을 뒷받침하겠지만, '관문 효과'가 적지 않다.

'기다리는 조정'은 좀처럼 나타나지 않았다. 오히려 "떨어지지 않는 주가는 오른다"라는 증시 격언이 자주 회자됐다. 주가가 조금이라도 떨어질라치면 달려드는 왕성한 대기매수세가 모든 걸 말해 준다. 결과를 설명할 수는 있지만 정점을 지날 때 왜 그런지, 이유를 설명할 수 있는 전문가는 없다.

해마다 봄이 되면 여의도는 벚꽃 세상으로 바뀐다. 벚나무는 다른 나무와 마찬가지로 수령(樹齡)에 따라 꽃망울을 터뜨리는 시기가 다르다. 그렇지만 멀리서 보면 모두가 환하게 웃는 모습일 따름이다. 모여 있을 때 더 아름답다. 벚꽃이 만개할 때 봄은 정점을 찍지만, 그래서 더 화려한 여름이 열리지 않는가.

내가 그의 이름을 불러주기 전에는
그는 다만 하나의 몸짓에 지나지 않았다
내가 그의 이름을 불러주었을 때
그는 나에게로 와서 꽃이 되었다

김춘수의 시 〈꽃〉은 읽을 때마다 많은 것을 생각하게 한다. 주식시장에서는 이런 꽃들을 '주도주' 라고 부른다.

여보, 내가 잘못했다. 그만 화 풀어라.
내가 한두 번 속았어요? 이렇게 빌다가 좀 지나면 언제 그랬냐는 듯 큰소리 뻥뻥 칠거면서.
다신 안 그럴게.
흥!

그 말을 어떻게 믿어요?
아니 남편을 안 믿으면 누굴 믿어.

저리 치우지 못해요!
요거 안먹히네…
탁

너무 그러지마, 여보. 당신 고생하는거 다 안다고. 그런 의미에서….
이, 이게 뭐예요. 이런 걸로 대충 넘기려 하지 말아요.
애쓴다

아이 참. 왜 그런 바보 같은 짓을 해가지고. 으이그.
에휴

그래, 진심을 보이려면 이 수밖에 없다.
위이이잉~

'저 인간이 왜 안 하던 짓을 하고 그래?'

그럼, 약속할 수 있어요? 두 번 다시 그런 실수 하지 않겠다고.
성공이다!!

물론이지+ 당근이지.
좋아요. 이번 한 번만이에요.

대신, 오늘처럼 집안 살림 자주 할 것! 아주 보기 좋은데. 크크크크......

'이거 혹 때려다 혹을 붙였군. 안 했다간 토사구팽당하게 생겼으니…. 내 신세야.'
당연하지…

그러니까 평소에 잘 하셨어야죠. 선물 주고, 청소하고 눈가리고 아웅하듯 하면 쓰나요. 주식시장에서도 실물지표와 심리지표가 '재회' 하지 못하면 언제든 정책수단은 팽(烹)당할 수 있습니다.
니들은 이제 죽었어!
너무해
쓰레기

정부정책만 믿고 매수했다가는 팽(烹)당하기 쉽다

토사구팽(兎死狗烹)은 필요할 때는 소중히 여기다가 쓸모가 없어지면 버린다는 뜻이다. 2002년 이후 여의도 증권가는 두고두고 저금리 정책이 토사구팽될 것인지에 관심을 갖고 있었다. 저금리 정책은 내수 진작책과 어울려 경기에 온기를 불어넣는 주요 수단이다. 원래 제조업은 금리에 둔감한 반면 소비와 건설은 민감하다. 이에 따라 경기가 둔화되면 중앙은행은 통상 금리를 낮춰 소비와 건설을 자극하는 내수 진작책을 쓴다.

그런 노력이 어느 정도 결실을 맺으면서 정부가 저금리 정책을 철회할 것인지에 관심이 쏠리고 있다. 그 시기는 수출이 예고해 줄 것이다. 수출이 되살아나 공장이 잘 돌아가면, 그 때는 사냥개를 새로 구해야 하기 때문이다. 그러나 머뭇거리던 한국은행 금융통화위원회는 2003년 오히려 금리를 추가로 인하했다. 경기가 다시 냉각되는데다 미국의 디플레이션 가능성이 우려됐기

때문이다.

그로부터 3년이나 흐른 2006년 겨울. 한국은행이 또 다시 금리인상을 놓고 장고에 들어가 있다. 치솟는 부동산가격을 잡기 위해 금리를 올려야 한다는 논리가 여기저기서 나오기 때문이다. 금리인상이 부동산시장을 안정시킬 수는 있지만, 침체를 벗어나지 못하는 경기에 찬물을 끼얹는 결과를 낳지 않을까 하는 반대 논리에 곤혹스러워 하는 모양새다. 금리가 만병통치약이 될 수는 없는 건 분명하다.

만나고 헤어지는 일이 반복되는 것이 인생사다. 주식시장도 이와 다를 것이 없다.

호재와 호재가 서로 팔짱을 끼면서 상승장이 펼쳐지기도 하고, 악재가 또 다른 악재를 만나 나락으로 떨어지기도 한다. 호재가 내키지 않는 악재를 만나 토라지는 경우도 있다. 실물지표와 심리지표가 '재회' 하지 못하면 언제든 정책수단은 팽(烹)당할 수 있다. 정부정책만 믿고 기업의 재무재표 한번 보지 않고 수혜주랍시고 덜컥 샀다가는 정부정책과 함께 팽당할 수 있다는 사실을 잊지 말자.

면허 딴 지
얼마나 됐다고
그렇게 돌아다녀!
아니, 연습을 해야
할 것 아니에요!
연습을 하려면
근처에서 할 일이지
동네 아줌마들 다
끌고 거기는 왜 가!
'어쭈, 세게
나오는데.'

'오늘은 절대
물러설 수 없다.'

RoundStart
!!!
그러게 내가 가르쳐
준다고 했잖아.
남편을 그렇게 못
믿어!
Left!

평일엔 바쁘다고 하고,
주말엔 피곤하다고
쉬는데 언제 배워요!
쿳
Left!

그래서 아줌마들
데리고 연습했냐?
도와준 것 없으면
가만히 있어.
Right!

'안 되겠군.
강편치를 날려야지.'
'덤벼라'
씩
씩

그래서 아줌마들은
안 된다 소리를 듣는
야. 운전은 아무나
하는 줄 아나.
헉
hit!!

Combo!!
뭐라고!
그래서 당신은 허고 헌날
사고 내는군. 처음 운전할
때 사거리까지 1시간 걸린
거 잊었어?

헉~

Down!
그냥 하던대로
방어만 하는건데.
음냐~
음냐~

눌려 살던 기과장님 오늘 모처럼
공격하려다가 제대로 걸려들었군요.
잘 판단하셨어야죠. 주식시장에서
투자를 할 때에도 사자처럼 공격적
이어야 할지, 아니면 얼룩말처럼
방어에 나서야 할지 잘 결정해야
좋은 결과를 얻을 수 있습니다.
올바르게
선택하세요.

사자가 될지 얼룩말이 될지 결정하라

동물은 눈을 보면 맹수인지 아닌지 구별할 수 있다. 얼룩말, 사슴 등 초식동물의 눈에는 사뭇 정감이 흐른다. 반면 사자는 눈이 작고 가늘며 날카롭다. 멀리 보기에 좋은 신체 구조여서 목표물을 쉽게 겨냥할 수 있다. 목표물이 정해지면 다른 먹거리(동물)는 쳐다보지도 않는다.

반면 얼룩말은 눈이 큰데다 앞으로 튀어나와 있다. 눈이 귀 가까운 곳에 붙어 있는 것도 특징이다. 신체 구조가 사뭇 방어적이다. 시야가 넓어서 주위에 도사리고 있는 맹수를 피할 수 있다.

그래서 '초원의 전쟁'은 항상 공격과 수비가 숙명적으로 정해져 있다.

아프리카 초원에서는 사자의 사냥법을 배울 만하다. '밀림의 왕자'인 사자는 사슴을 쉽게 노획하지 못한다. 사정권은 100m 안팎이다. 두 동물의 순발력과 지구력의 차이 때문이다.

사자는 사슴 사냥에 성공하기 위해 몸을 수풀 속에 감추고 꼬리를 높이 치켜든 채 낮은 포복으로 접근한다. 또 아프리카 사자들은 10~20마리가 떼지어 사는 것이 특징이다. 사냥할 때는 군대가 움직이듯 여러 마리가 '공동 작전'을 펼쳐 얼룩말, 사슴 등의 사냥감을 노획한다.

투자자들도 사자처럼 공격적이어야 할지, 아니면 얼룩말처럼 방어에 나서야 할지 결정해야 한다. 그건 본인의 투자성향에 따라 다르고, 상황에 따라 다를 수 있다. '선택과 집중'의 투자방식은 공격적인 스타일이고, 여러 종목에 나눠 투자하는 '포트폴리오' 투자법은 수비적인 투자법이다. 큰 돈을 벌려면 '선택과 집중'을 하는 것이 정도라는 주장도 많다. 그러나 여윳돈을 한 두 종목에 묶어놓는 것은 무모하다는 지적도 많다. 이 같은 결정은 누구의 도움을 받을 일이 아니다. 오직 투자자 자신이 결정할 일이다.

헉

팔을 쭉 뻗어서 스윙하세요.
자, 이렇게.
흐음…

휘잉~
탁!
나이스 샷!!
그렇죠. 처음치곤 잘하시네요.

'이 정도쯤이야. 난 역시 타고난 골퍼야.'

친구야, 골프 한번 치러가자.
골프 연습장
너 골프 칠 줄 아냐?

무슨 소리. 타이거 우즈도 울고 갔는데…. 하하하.
하하하
?

몇 번 연습한 실력으로 필드에 나갔다가
망신만 당했군요. 어떠한 일을 하든
기본기는 중요합니다. 주식투자에
있어서도 기초를 튼튼히 해야
대패(大敗)하지 않습니다.

주식투자도 기초를 다져야 '대패'하지 않는다

176

아마추어 골퍼가 '싱글'의 경지에 오르기란 매우 어렵다. 싱글 골퍼에게는 보기 플레이어가 실수를 했을 때 둘러대는 '핑계'보다 더 많은 '노력'이 숨어 있다. 싱글을 한 뒤 한턱을 내는 것은 동반자보다는 오히려 자기 자신에 대해 고마움을 표시하는 '통과의례'인지도 모른다. 반대로 '양파'를 서슴없이 저지르는 골퍼들은 끊임없이 핑계거리를 찾는다. 오죽하면 핑계의 종류만도 108가지나 된다고 한다. 최고의 압권은 "오늘은 이상하게 안 맞네"다.

골프를 처음 배우면 모두가 '골프 예찬론자'가 된다. 또 조금 공이 맞는가 싶으면, 이 때부터 다른 사람에게 골프를 가르치려 한다. 이런 그룹에 속한 사람은 '하수'다. 그러나 내공이 쌓인 골퍼라면 누가 '원 포인트 레슨'을 요청할 경우도 "잘 모르지만 난 이렇게 친다"라거나 "프로 골퍼를 찾아가라" 하고 발을 뺀다.

‘고수’의 덕목은 ‘겸손’이다. 세상사를 살펴보면 겉으로 요란하거나 목소리를 키우는 사람 치고 실속이 있는 경우는 많지 않다.

싱글골퍼 탄생이 ‘기초’에서 출발하듯 주식투자도 기초를 다져야 ‘대패(大敗)’하지 않는다. 그러기 위해서는 끊임없이 공부해야 한다. 잘 나갈 때는 주위에 관심이 없다가 시절이 하수상하면 온갖 핑계거리를 찾는 투자자는 절대로 ‘싱글’을 칠 수 없다. 벤저민 그레이엄의 말을 기억하라. “최소 수익은 걱정하는 걸 싫어하고 안전을 최우선시하는 수동적인 투자자의 몫이고, 최고 수익은 증시를 분석하는 데 있어 탁월한 지적능력과 기술을 갖고 있는 투자자의 몫이라고 할 수 있다.”

벌써 올해도 다 갔군. 오늘 송년회는 무사히 끝나야 할텐데.
짠~ 과장님 이거 드시고 들어가세요.
고마워. 작년 송년회만 생각하면…. 오늘은 기필코 살아 들어가야지.
짠~
으~ 소름..
술
○○호프

아무튼 오늘 조심하세요. 본부장님 오늘 단단히 벼르고 계시던데.
걱정하지마. 나도 다 생각 해둔 게 있어.

자~ 올 한해도 모두 수고했어요. 오늘은 맘껏 마시고 기분들 풀어요.
건~배

캬~
힐끔
힐끔

기과장, 올해 고생했어요. 자 한 잔 받아요.
네, 본부장님.

기과장님 이번에도 쓰러지셨군요. 송년회에서 살아남기가 그리 쉽지만은 않은 모양입니다. 많은 사람의 이해와 관심이 녹아나는 연말 술자리에서 완승할 수 있는 여유와 전략이 있으면 주식시장에서도 쉽게 살아남을 수가 있답니다.

완승할 수 있는
여유와 전략

연말 송년모임이 하나의 세시풍속(歲時風俗)이 된 듯하다. 이처럼 연말에 여러 사람과 교분을 나누는 송년회는 선거와 비슷한 점이 많다.

첫째, '과거지사'를 하나의 이벤트로 일괄처리하겠다는 배경이 숨어 있다. 친구 사이건 거래처의 상대방이건, 그 동안 소원했던 점을 풀어보자는 뜻이 숨어 있다.

둘째, 자신의 세(勢)를 과시하려는 의도가 은근히 녹아 있다. "나는 이런 모임에 간다"라며 어깨에 잔뜩 힘을 준다.

셋째, 성장 가능성이 큰 인물이 참석하는 모임에 서로 가려고 한다. 생각할수록 망년회에는 많은 뜻이 숨어 있다.

12월은 징검다리 송년회가 가로놓여 있어, 이른바 '주월(酒

月)’로 기억되기 십상이다. 거기에서 살아남는 사람은 주식시장에서도 살아남을 수 있지 않을까? 어떻게 하면 송년회에서 살아남을 수 있을까? 주식투자와 비교하면 시사하는 점이 많을 것이다.

첫째, 절대 무리하지 말고 자기 페이스를 지켜라.
둘째, 술고래가 포진해 있는 강타선을 피하라.
셋째, 하위타선을 철저히 공략하라.
넷째, 적절한 시기에 작전 타임을 불러라.
다섯째, 타자의 타이밍을 빼앗아 헛스윙을 유도하라.
여섯째, 견제구를 효과적으로 사용하라.
마지막으로, 소모전에서 완투하지 말라.

많은 사람의 이해와 관심이 녹아나는 연말 술자리에서 완승할 수 있는 여유와 전략이 있으면 주식시장에서도 쉽게 살아남을 수 있다. 워런 버핏의 말을 기억하라. “적절한 종목을 적정가에 매수했고, 주가가 상승할 거라는 증거가 확실하며, 모든 것이 생각하는 방향으로 흘러가고 있다면 조급하게 주식을 팔아서는 안 된다.”

자, 슬슬 정리하고 떠나볼까?
벌써 출발하시게요? 아직 출발하려면 두 시간이나 더 남았는데.

다들 야유회 가서 재미있게 놀려면 선발대가 먼저 가서 준비를 해둬야 할 것 아니야.
그러네. 과장님 저도 같이 가요.

좋지. 그럼 정리하고 지하 주차장으로 와.
얏호, 김대리님. 저 먼저 가 있을게요.
OK!

자, 인터넷에서 출력한 이 약도만 보고 가면 되겠지.

과장님, 준비 많이 하셨네요.
이거 하나밖에 준비한 거 없는데. 자~ 출발하자고.

그런데 왜 지도에 표시된 길이 안 보여?

과장님, 여기 아까 왔던 길 같아요.
그래? 큰일났네. 시간이 한참 지났는데. 씨~

전 화받으세요~

네? 벌써 도착하셨다고요? 빨리 갈게요.
벌써 도착했다고?

과장님. 이게 뭡니까? 우리 저녁식사까지 차에 다 실어놓고.
미, 미안. 약도가 잘못 나와서….

'선발대 다른 사람 보내고 가만히 있었으면 중간이나 갔을텐데….' 흑흑
기분 다 망쳤어요
실망 이에요
길도 못찾았으고

제대로 된 정보도 없이 선발대로 나서셨군요. 주식시장에서도 개미군단은 절대 욕심을 부리지 말고 분수에 맞게 투자를 해야 합니다.
욕심 부리지마!

개미군단은 중간에서 선발대의 전과를 지켜보라

 손자(孫子)에게 어느 병사의 어머니가 질문을 던졌다. "하나뿐인 아들이 전쟁에 나가는데 선발대에 서야 할까요, 중군에 서야 할까요?"

손자의 답변은 명료했다. "영악한 병사는 이기는 전투에서는 선봉에 서야 하고, 지는 전투에서는 중군에 서되 반드시 물러설 자리를 살펴둬야 합니다. 이기는 전투에서 뒤에 물러나 있으면 그 공을 잃을 것이요, 지는 전투에서 선봉에 서면 그게 곧 불효입니다."

증권가에 내려오는 또 하나의 고전적 예화가 있다. "연못을 건너야 하는 병아리가 다른 동물들에게 방법을 물었다. 먼저 새가 날아오라고 했다. 오리는 수영하라고, 토끼는 뛰어오라고 했다. 그러나 병아리에게는 그 모든 것이 버거울 뿐이었다. 이 때 어미닭이 나타나 연못 주위를 천천히 돌아서 오라고 했다. 병아리는 어미 닭의 말을 듣고 안전하게 연못 건너편에 도달할 수 있었다."

주식투자자들은 자신이 병아리라는 사실을 잊고 새나 토끼처럼 욕심을
부려 연못을 건너가려고 애를 쓴다. 그러나 분수에 맞는 선택이 목적지에
도달하는 유일한 길이다.

군자금과 정보가 많지 않은 개미군단은 중군에 서서 선발대의 전과를 좀
더 지켜보는 것이 좋다. 퇴로는 미리 준비할 수 있지만 선발대에 서서 낙마
하면 대오복귀가 쉽지 않기 때문이다.

눈에 들어오는 주식을 사야 할지 말아야 할지 판단하기 어려운 경우에는
잠시 매수를 자제하거나 1주만 사서 관망하는 것이 좋다. 일단 주식부터 사
고보는 투자자가 많은데 위험천만이다. 예를 들어 내가 산 주식이 떨어지는
칼날의 중간에 위치했다면, 내가 산 후 주식이 무섭게 폭락할 수 있다. 본전
생각에 쉽게 팔 수도 없게 된다. 이때 손실은 눈덩이처럼 불어난다.

충분한 관망은 기회손실이 아니라 투자에 해당한다. '참는 것도 투자다'
는 말이 있지 않은가. 주식에서 조급증을 버리기란 여간 어려운 일이 아니
다. 하지만 참아야 한다. 자신이 없을 땐, 더 정확히 말해 100%에 가까운
확신이 들지 않을 때는 되도록 매매를 자제하는 게 좋다. 선발대의 전과를
지켜보며, 이길 수 있다는 확신이 들 때 뛰어들어가면 최소한의 방어가 가
능한 가운데, 수익률이 뒤따라올 수 있다. 개미들이 수익보다는 손실을 보
는 이유 중 하나는, 충분한 사전조사 없이 달려가는 선발대를 따라 분위기
만 믿고 무작정 따라가기 때문이다.

도전!
도전!
성취!
성취!
끄~응
옥~ 똥
나오겠다!

과장님, 너무
힘들어요. 더는
못 참겠어요.
도전!
성취!

우대리, 조금만
더 힘내 보자고.
그래요. 기획2팀도
할 수 있다는 걸
보여주자고요.

기획 2팀. 벌써
포기하는 겁니까?
아닙니다!

도전
성취
도전
성취

매번 구박만 받던 기획2팀이 극기훈련 덕을 톡톡히 봤군요. 주식시장에서도 극한상황을 맞아본 종목의 주가가 더 강할 수 있습니다. 강점과 약점이 드러나 투자자들이 적절하게 대처할 수 있게 만들기 때문이죠.

극한 상황을 맛보았던 종목의 주가가 더 강할 수 있다

"급할수록 돌아가라"라는 속담이 있다. 이 속담이 주식시장에도 적용될 수 있을까? 이와 비슷한 게 'N'자형 상승추세다. 오름세를 타고 있는 주식이 적당히 숨고르기를 한 뒤 재차 상승 페달을 밟으면 가장 이상적이다.

대개 한번 N자를 그린 종목은 쉽게 그 추세가 무너지지 않는다. 그렇지만 종종 1차 상승 시 발생한 상승 갭(Gap)이 복병이 될 수 있다. 시장에서는 항상 갭을 메우려는 반작용이 끊임없이 일어난다. 그런 일이 반복되면 '눌림목' 현상이 나타나면서 오름폭을 까먹게 된다. 어느 쪽이든 주가의 향방은 투자심리가 결정한다.

고등학교 은사께서 졸업하기 직전에 이런 말씀을 들려주셨다. "친구들과 여행을 해보면 그 사람의 됨됨이를 알 수 있다. 남을 생각하는 마음이 있는지, 가정교육은 제대로 받았는지를 눈과 마음으로 느낄 수 있다. 인생의 반

려자를 구할 때도 반드시 여행을 통해 최종 검증을 하거라."

　주식시장에서도 마찬가지다. 극한 상황을 맞아본 종목의 주가가 더 강할 수 있다. 강점과 약점이 드러나 투자자들이 적절하게 대처할 수 있게 만들기 때문이다.

　하지만 개인투자자들은 오르던 주식이 꺾이면 추세가 다했다고 단정하고 포트폴리오에서 해당 주식을 영원히 삭제해 버린다. 그 종목에서 손실을 봤다면 기분까지 상해 다시는 쳐다보지 말아야 종목으로 선을 그어 버린다. 놀라운 사실은 우연히 다시 보면 당시의 하락은 잠깐의 조정에 불과했고, 더 크게 날기 위해 잠시 날개를 접은 것에 불과했다는 것이다. 주가가 떨어지면 주식을 팔아야 할 수도 있지만, 관심까지 끊어서는 안 된다. 대게 높은 수익률은 내가 평소 봐뒀던 종목, 잘 아는 종목에서 나온다. 한 종목을 눈여겨보다 보면 처음 보는 주식보다 매수와 매도 타이밍을 더 잘 잡을 수 있게 된다. 혹시 과거에 극한 상황을 맛보았던 종목이라 하더라도 턴어라운드가 확실하고 성장 모멘텀이 확실하다면 지속적으로 관찰할 필요가 있다.

월간 실적
영업팀
윤대리 1등
왕대리 2등
이번엔 영업팀
윤대리가 1등이네.
항상 꾸준하게
열심히 하시잖아요.

그런데 왕대리는
특별상을 받는다며.
큰 건을 성사
시켰다던데요.

그 친군 항상 노는 것
같은데 가끔씩 크게
터뜨린단 말야.

이번엔 누가
1등했어요?
어? 윤대리가.
그런데 자네는
특별상을 받는
다면서.

뭐, 그 정도 가지고.
뭐야.
저 재수없는
말투는.

우대리, 신경쓰지마! 하루이틀도 아닌데 뭘.
그래도 열 받잖아요.
씩 씩
가시

엿 먹어라!
차… 깡으라구!
아우~ 저럼 그냥~

2006년 영업 실적
윤대리 1등
2006년 영업왕

역시 윤대리님이야.
왕대리는 그만 뒀다며?
와ㄴ아

그렇게 뺀질거리면서 대박이나 노리는데 누가 좋아하겠어요.
암, 윤대리처럼 꾸준해야 오래가지.

누구나 대박을 꿈꾸지만 장수할 수 있는 비결은 자신의 일을 꾸준히 하는 것입니다. 주식시장에서도 대박에 대한 기대로 욕심을 내면 쪽박을 차기 쉽습니다.
너무 큰 목표를 잡지 말고 인내심을 가지고 기다려 보세요.
인생은 한방!ㅋㅋㅋ
복권방
백수 왕씨

홈런왕보다는 타격왕이 장수하는 비결

야구에서 홈런왕이 '대박'의 주인공이라면 타격왕은 팀 플레이에 충실한 '내조형'의 대명사다. 감독이 수위타자를 더 신임하는 것도 그 때문이다.

주식시장에서 개인투자자들은 항상 대박을 겨냥한다. 홈런왕을 노리는 사람이 많다는 뜻이다. 그러나 무림의 고수가 내뱉는 한 마디는 다르다. "1년 365일 동안 야구를 위해 몸과 마음을 일로매진하는 선수들도 3할대 타율이 '목표'입니다. 그 이상은 욕심일 뿐입니다." 홈런왕보다는 타격왕이 장수하는 비결을 투자자들도 되새겨봐야 한다.

미국의 전설적인 홈런왕 베이브 루스(Babe Ruth)도 수많은 삼진 아웃을 당한 끝에 '홈런왕'이란 타이틀을 차지했다. 결과는 화려했지만 실제로는 '모 아니면 도' 식의 스윙을 한 셈이다.

"감투가 커도 귀가 짐작한다"라는 속담이 있다. 실제 능력보다 더 큰 감투를 쓰게 되면 어떤 형태로든 그 실체가 드러

난다는 뜻이다. 대박은 꿈꿀 만하지만 실제로 이뤄지기란 쉽지 않고, 설령 그 꿈이 이루어진다 해도 큰 욕심을 내게 만드는 화근이 되기 십상이다.

실제로 모 증권사에서 개최한 수익률 대회에서 수천 퍼센트의 수익률로 1위에 올랐던 한 고수는 그 후 책까지 내며 승승장구했지만, 그로부터 얼마 지나지 않아 가진 돈을 모두 잃고 쇠고랑까지 차는 신세가 되었다고 한다. 연이은 대박으로 감각이 오히려 무뎌진 것이다. 크게 망하는 사람의 공통점은 무엇일까? 짐작대로 초기에 계속되는 작은 성공이다. 마찬가지로 주식도 처음에는 수익이 괜찮다. 그때는 돌다리도 두드리는 심정으로 분석도 하고, 애널리스트의 말도 귀담아 듣고, 경제신문도 열심히 읽는다. 장고 끝에 그 많은 별 중에 반짝반짝 빛나는 미인주를 골라 수익을 올린다. 그런데 투자금이 적었던 것이 흠이다. '조금 더 투자했더라면 더 큰 수익을 거뒀을 텐데' 하는 아쉬움이 밀려온다. 이제 투자금이 늘어나는 반면 경계심은 차츰 풀어져간다. 자신을 홈런 타자라 믿게 되고, 매번 홈런을 기대한다. 욕심이 끝없이 자라 몇 번 실패해도 이상하게도 자신을 믿는 마음만큼은 변하지 않는다. 다시 홈런을 칠 것만 같다. 그러다가 나락으로 떨어져버린다.

다시 말하지만 타격왕이 되도록 노력하자. 홈런왕은 나의 영역이 아니라고 믿는 게 신상에 좋다. 타격왕을 노리다보면 자연히 홈런도 나오고, 장타도 나온다. 실제로 높은 수익률을 내는 투자자는 큰 욕심 내지 않고 매일 조금씩 수익을 내되 잃지 않는 투자를 기본으로 삼는다고 한다. 잃지 않으면, 즉 홈런을 노리기보다는 공에 배트를 맞추려고 노력하다보면 안타도 나오고 홈런도 나온다는 것이다. 역시 주식에서는 홈런왕보다는 타격왕이 고수다.

PART

멀리 보고 크게 키우는 비법
투자전략 세우는 법

올해는 날씨가 많이 춥네.
그러게. 배추 값도 많이 비싸다.
김장을 얼마나 해야 하나.

김장 하게? 그냥 필요할 때마다 사다 먹지.
그래도 해야 하지 않을까? 나중에 더 추워지면 비쌀텐데.

언니는….
요즘 신세대 주부들은 김장 안 해요. 김치를 얼마나 먹는다고.

하긴 그래. 옆집 아줌마는 작년에도 김장 안 했어.
이것들이…
안 사려면
가라…
고렴~
고렴~

그래, 언니도 좀 편하게 살아.
그러자. 하하하.
호
호
김장할때 옆에서 거드는 일도 얼마나 힘들다구

좀더 편하고 싸게 김치를 먹으려다가 오히려 손해만 보셨네요. 이는 주식시장에서도 마찬가지입니다. 눈앞의 작은 이익을 챙기려다 큰 것을 놓치는 우를 범하지 말고 실적주를 골라 김장김치 담그듯 장기보유하는 것이 좋습니다.

작은 이익을 챙기려다
큰 것을 놓칠 수 있다

주식을 고르는 방법에는 크게 두 가지가 있다. 첫 번째는 장밋빛 미래가 보이는데도 아직 시장에서 제대로 대접을 받지 못하는 '진흙 속의 진주'를 찾아 장롱 속에 묻어두는 것이다. 즉 '바이 앤드 홀드(buy and hold)' 전략이다.

두 번째는 적당한 재료로 시세가 움직일 때 올라타는 것이다. 이는 데이 트레이더를 비롯한 우리나라의 많은 개인투자자들이 취하는 투자기법이다.

재미있는 점은 증권사에서 종목을 담당하는 애널리스트보다 시황을 담당하는 스트레지스트의 영향력이 더 크다는 사실이다. 상장사는 대부분 '경기 민감주'로 주가가 파도타기를 하는 경우가 허다하기 때문에 시황흐름에 일희일비하기 때문이다. 거액자금을 굴리는 펀드매니저도 종목 선정보다는 매매 타이밍을 잡는 일에 매달리기 일쑤다.

한국인 가족이 미국 뉴욕의 한 공연장을 찾았을 때 생긴 일

이다. 입장료가 너무 비싸다고 느낀 아버지는 아홉 살 난 아들에게 "여섯 살이라고 말해라"고 시켰다. 시큰둥해진 아들이 매표소에 손가락 여섯 개를 내밀었다. 그런데 이게 웬일인가. "6세 이하는 입장할 수 없습니다"라는 대답이 창구에서 들려왔다. 그들은 잠자코 집으로 돌아올 수밖에 없었다.

일상에서도 작은 이익을 챙기려다 큰 것을 놓치는 우(愚)를 자주 범한다. 하느님도 모른다는 주가를 족집게처럼 맞추려는 노력보다는 실적주를 골라 김장김치 담그듯 장기 보유하는 것이 나을 수 있다. 한 전직대통령이 즐겨 썼다는 '대도무문(大道無門)'을 금과옥조로 삼는 것이 좋다. 잔꾀에 스스로 넘어갈 수도 있으니 말이다.

고기를 먹지 맙시다.
채식을 합시다!
채식박사
맞아, 맞아. 우리 가족도 건강을 위해 채식을 해야 돼
채소 사러 가야겠다.

…………

온통 채소뿐이네.
TV 보니까 채소를 많이 먹어야 오래 산데요.
맞아. 내가 염소야?

그래도 그렇지. 남편 영양도 생각해야지.
아들 영양도.
애들도 아니고 반찬 투정은.

너는 잔말 말고 열심히 먹어. 그래야 살 빼지.
으윽

채소에도 영양분이 많데요, 나랑 오래 오래 같이 살려면 당신도 채소 많이 먹어요.
우게걱

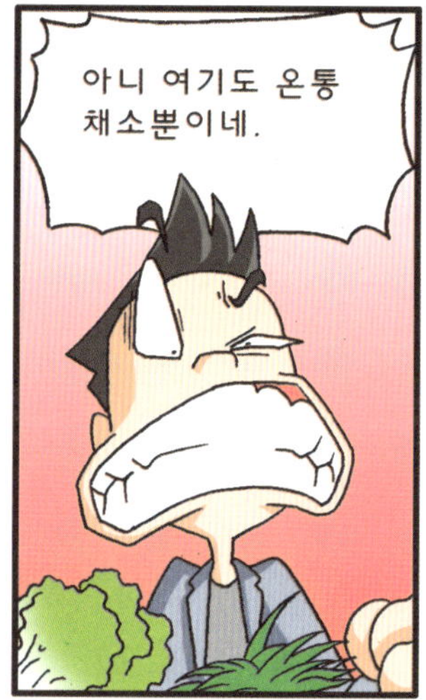

무엇보다 좋은 것은 과도한 육식을 줄이고 균형있게 섭취하는 것이겠지요. 주식 시장에서도 소문만 요란한 '작전주'에 빠지기가 쉽습니다. 하지만 나쁜 투자 습관을 벗어버리면 다양한 종목을 고르는 안목이 생기게 될 겁니다.

소문만 요란한 '작전주' 매매는 이제 그만!

채식 열풍이 불고 있다. 처음엔 과도한 육식을 줄여 건강을 지키자는 데서 출발했지만 어느 순간 열풍으로 번지고 있다. 참살이(웰빙) 바람 덕분이다. 그 바람에 낙농업자들이 때 아닌 날벼락을 맞고 있다고 한다. 전문가들은 채식만 고집하면 건강을 해칠 수 있다고 조언하지만, 소비자들의 반응은 시큰둥하다. 임산부나 술·담배를 많이 하는 사람들은 단백질 보충이 필수적인데, 채식만으로는 이를 충당할 수 없기 때문에 여러 종류의 식품을 균형 있게 섭취하는 게 최상의 건강법이라고 한다. 한쪽으로만 쏠리면 몸에 좋지 않다는 것은 만고의 진리일 것이다.

채식 열풍 한쪽에서는 금연 열풍이 거세다. 금연전선의 가장 큰 적은 금단현상이다. 담배를 끊음으로써 나타나는 초조·불안 등이 엄청난 스트레스를 준다. '끽연파' 동료들로 인한 간접흡연도 넘어야 할 산이다. 이 같은 고비를 넘으면 건

강이란 선물을 얻을 수 있다.

개인투자자들에게 소문만 요란한 '작전주' 매매를 그만두라는 조언은 마치 애연가에게 담배를 끊으라는 것과 같이 쉽게 실천할 수 없는 이야기일지도 모른다. 헝가리 출신 펀드매니저 앙드레 코스톨리니도 생전에 이런 말을 한 적이 있다. "증권시장이 투명하다면 그것은 증권시장이 아니다. 투자자들 스스로가 쓸데없는 수다로 혼탁하게 만들고, 그 혼탁한 물에서 낚시질을 한다."

그러나 그건 소수설일 뿐이다. 나쁜 투자습관을 벗어버리면 종목을 고르는 눈이 새로워진다. 자신이 잘 아는 회사의 주식을 사두면 훗날 좋은 결과가 기다릴 가능성이 높다.

반면 작전주는 소문에 의해 혹은 단기적인 변화에 집착해 매매를 시작하게 됨으로 적을 정확히 파악하지 못한 상태에서 적과 맞닥뜨리는 것과 같다. 시세를 타야 하므로 매매도 자주 할 수밖에 없다. 소위 주식을 한다는 기분이 난다. 오를 때는 속 시원하게 오른다. 따라서 내릴 때는 처참하게 박히는 속성을 가지고 있다. 많은 개인 투자자들이 이런 작전주의 단기적인 매력에 빠져 주식을 마약처럼 손 대고 있는 실정이다. 마치 위험천만한 롤러코스터를 타는 것처럼.

효진씨, 이번 주말에 시간되신다고요?
우대리, 김대리 요즘 수상하지 않아?
잘 모르겠어요. 결혼한다고 이 여자, 저 여자 만나고 다니는 것 같은데.

네, 현숙씨. 그럼 내일 극장에서 저녁 7시에 만나요.
오~

자네, 너무 무리하는 거 아니야.
이 정도는 충분히 커버할 수 있습니다. 올해 쌍춘년이라는데 장가 가야죠.

하긴, 좋을 때지. 나도 그럴 때가 있었는데.
좋긴 뭐가 좋아요? 한 사람이라도 진심으로 만나야지. 나 같았으면 당장 차버렸을 거예요.

우대리, 질투하는 거야~
한번 만나줘?
흥!
웃기셔~

현숙씨는 언제봐도 아름다우신 것 같아요.
호호호. 제가 좀 그렇죠.
극 장

어머, 김대리님. 이 여자 분은 누구?
호… 호진씨?!

아, 예. 친구예요.
'뭐라고? 이 인간이.'

저, 이 사람 애인이에요. 그러는 댁은 누구세요?
뭐라고? 내가 애인인데! 넌 친구라잖아.
띠르릉

아, 안녕하세요. 금자씨.
지금은 통화하기가… 조금 있다가…

뻑
뻑
뭐? 이 인간이 양다리,,, 오징어 다리를?

지나치게 욕심을 부리셨군요. 주식시장에서도 감당 가능한 돈을 운용하는 게 좋습니다. 지나친 욕심은 오히려 깡통을 차게 할 수도 있습니다.
우대리… 나 외로워…
과유불급 이로다!
인간아…

감당 가능한 규모의 돈을
운용하라

작은 배에 너무 큰 돛을 달면 결국 뒤집히고 만다. 작은 상에 너무 많은 음식을 올려놓아도 같은 결과가 나타난다. 세상 이치도 마찬가지다. 자신이 감당하기 어려운 재물이 때로는 복보다는 화가 될 수 있다.

주식투자에서도 적은 종자돈으로 크게 '배팅' 하는 방법이 있다. 미수를 활용하면 된다. 지렛대를 이용하면 작은 힘으로 큰 물건을 옮길 수 있는 이치와 같다. 호황 때는 증권사들이 앞 다퉈 위탁증거금률을 인하한다. 상호저축은행도 앞 다퉈 주식담보대출의 한도를 높인다. 투자자 입장에서는 '레버리지(leverage) 효과' 를 좀더 누릴 수 있는 여지가 생긴다. 그러나 레버리지의 역(逆)효과는 '깡통' 이다.

지나치게 많은 욕심을 내는 것도 작은 배에 큰 돛을 다는 것과 다를 바 없다. 감당 가능한 규모의 돈을 운용하는 것이 중요하다. 또 목표수익률과 손절매 원칙을 정하지 않으면 '마음

의 병'을 앓을 수밖에 없다. 몸에 맞는 옷이 편할 따름이다. 벤저민 그레이엄은 "투기용 자금과 투자용 자금을 한 계좌에 마구 섞어 운용해서는 절대로 안 되고, 매매 자체도 구분해서 해야 한다. 증권 브로커이건 세일즈맨이건 놀라운 수익을 보장한다고 큰소리 치는 사람들은 무조건 조심해야 한다. 교묘한 트레이딩 기술을 추천하는 사람도 마찬가지로 멀리해야 하는 대상이다." 혜안이 아닐 수 없다.

만약 당신의 투자금이 300만 원이라면, 300만 원을 유지하는 것이 좋다. 수익을 올려 투자금이 늘어나면 늘어난 금액만큼 인출하는 게 어떨까. 그렇지 않고 늘어난 금액을 계속 들고 있거나 추가로 무리하게 투자금을 늘리면, 투자감각이 무뎌져 실패하기 쉽다. 예를 들어 300만 원으로 투자하던 투자자가 갑자기 1,000만 원을 운용하게 되면 관심 갖는 종목도 달라지고 기대 수익도 달라질 것이다. 폭락을 맞으면 초기의 투자금인 300만 원도 우습게 사라질 수 있다. 다시 말해 이전보다 위험에 크게 노출되므로 대처도 쉽지 않다는 얘기다. 투자금을 조금씩 늘려가거나 처음의 금액을 유지하면서 주식과 조금씩 친해지는 게 좋겠다. 물론 미수는 절대금물이다.

본부장님 어떻습니까?
오랜만에 바다낚시를 하니 좋구만.
기과장님은 언제 이런 데를 다니셨어요?
웃샤

김마담이랑 몇 번 온 게 다야. 안 그래?
기과장, 일만 잘하는 줄 알았더니 재주가 많아.
힘 끙

여자 꼬시는 데도 선수죠.
일할 땐 열심히 일하고, 놀 땐 제대로 놀아야죠.
허허허

오늘은 바람도 좋고, 최고예요. 우리 누가 많이 잡나 내기할까요?
좋지. 김대리 자신있나 본데.

어, 어.
엇, 왔어요! 본부장님, 힘 빼시고, 살살. 여자 다루듯이.

와!
월척이에요.
월척!
진짜 죽인다.
까닥
까닥

내것도 걸렸다.
제것도요.

하 하
까악!
하 하

가만, 가만...
물 빠질 시간이
지난 것 같은데,
나가야 하지 않나?

어! 기과장님 물이
빠지고 있어요.
뭐야?

배가 꿈쩍을 안해!
물이 언제 다 빠진거야.
기과장은 항상 타이밍을
못 맞추는 것 같아.
물은 내일 오전에나
들어온다는데요.
신세 조졌다! 흑흑

바다낚시도 좋지만 물 빠지기 전에
들어 왔어야죠. 주식투자도 타이밍이
중요합니다.
추세를 잘 살펴야 낭패를 보지 않는
답니다.
역시
타이밍이야!
주식게임

주식투자도 타이밍이 중요하다

옛 선비들은 낚시를 '기다리는 예술'이라고 했다. "시간을 낚는다"라고도 했다. 오죽했으면 낚시와 참선을 같은 반열에 올려놓았을까(釣禪一如). 그렇지만 기본적인 조건이 성숙되지 않은 상태에서 고기를 낚는 것은 허망한 일이다. 물때를 제대로 만나지 못하면 도로아미타불이 되기 십상이다. 연안 바다낚시의 경우 밀물이 들 때만 고기가 바늘을 문다. 썰물 때는 아무리 좋은 미끼로 유혹해 봐야 소용이 없다.

통상 120일 이동평균선을 '경기선', 60일 이동평균선을 '수급선'이라고 부른다. 20일 선은 '투자 심리선'이란 별명을 갖고 있다. 경기 후퇴기에는 수급의 힘으로 60일 선을 자주 상향 돌파하지만, 120일 선에서 자주 제동이 걸리는 모습을 목격할 수 있다. 잊지 말아야 할 것은 수급과 경기의 주름이 함께 펴질 때 상승세에 진입한다는 것이다. 그렇지 않을 경우에는 경기에 대한 판단을 유보한 채 종목별 수급과 재료에 안테나

를 고정하는 것이 현명한 태도다. 경험상 이럴 때 코스닥시장이 은근히 뜨거워진다.

주식투자도 타이밍이 중요하다. 추세를 잘 살펴야 낭패를 당하지 않는다. 막연한 기대감을 키우기보다는 실물부문에서 새 살이 돋아나는지를 유심히 관찰해야 한다. 경기는 서두른다고 살아나지 않는다. 기다림의 지혜도 필요하다. 주식투자 최대의 적은 '통제력 상실'이다. 고통으로 몸부림치거나 즐거움으로 어쩔 줄 몰라 하는 상태가 태반이다. 자신을 못 다스리니 십중팔구 '깡통'을 찰 수 밖에 없다. 필립 피셔는 "성장성이 좋은데 단기 악재로 허덕일 때 그 주식을 사야 한다"고 말한다. 또한 팔 때는 '매수 근거가 사라질 때'라고 말한다. 참고할 만한 조언이다.

이렇듯 매수와 매도에 타이밍이 있음에도 불구하고 타이밍을 거스르는 주된 이유 중 하나는 욕심과 조급함이라는 내부의 적에서 기인한다. 뻔히 오를 주식을 사놓고도 당장 더 빨리 오를 주식으로 갈아탄다. 물론 기대와 현실은 다를 경우가 훨씬 많다. 잠깐만 외유를 하겠노라고 다짐하고 다른 주식에 손을 댔다가 만신창이가 되어 돌아온다. 다시 원래의 주식을 살 것 같지만 그렇지 않다. 잃은 것에 대한 미련이 남아 잃은 만큼 다시 거둔 후 돌아오겠다고 생각한다. 그러기 위해서는 다시 급등주에 손을 대야 한다. 악순환이 지속되는 것이다. 그래서 영원히 우량주에 투자할 기회를 놓쳐버린다. 깡통이 되고서야 천천히 하지만 확실히 오를 주식에 투자하지 않은 자신을 자책하지만, 버스는 지나간 후다.

한 기업을 믿고 투자했으면, 기다려주는 미덕도 필요하지 않을까.

사모님, 이것 좀 드셔 보세요.
남들이 보잖아요.
허허. 누가 보면 어때요?

오늘 즐거웠습니다. 그럼 이만.
늦은밤까지 감사했어요. 남편도 없고 적적했는데….

뭘요. 다 돈 버는 일인데요…
그리고 여기 ..

이튿날
꾸벅…
꾸벅…
따르르릉~

네. 본부장님.

과장님, 어디 아프세요?
아니, 괜찮아.
휴~

때론 돈을 버는 것보다 지키는 게 중요할 때가 있습니다. 주식시장에서도 주가가 고점에서 일정 수준 내려가면 뒤돌아보지 말고 팔아치우는 전략입니다.

버는 것보다 지키는 것이 중요할 때가 있다

우리나라에 살고 있는 외국인들이 놀라워하는 것 중 하나가 명절 때 구름처럼 몰려다니는 성묘 인파라고 한다. 벌초는 조상의 무덤과 그 주위에 무성하게 자란 잡초를 손수 솎아내며 생전의 추억과 은덕을 떠올리는 일종의 '의식(儀式)'이다. 이를 통해 자신의 처지를 점검할 수도 있다. 웃자란 부분과 잡풀을 베어내야 잔디가 더 싱싱해진다. 몸 여기 저기 쪄 있는 군살들을 걷어내야 건강을 되찾을 수 있는 이치와 같다.

"사는 것은 기술이고 파는 것은 예술이다." 주식투자에서는 타이밍이 무엇보다 중요하다는 얘기다. 설령 매도 타이밍을 알아내고도 실제 매도를 결행하기가 쉽지 않다. 주가가 비틀거리면 타이밍을 고민하는 투자자가 늘어난다. 하루에도 수차례 매도를 결행하는 데이 트레이더가 즐비하지만 평범한 개인투자자가 매도 타이밍을 찾기란 쉽지 않다. 선수 중

의 선수인 펀드매니저도 마찬가지다. 파는 타이밍을 잘 찾았던 대가로 기억되고 있는 필립 피셔는 이런 말을 자주한 것으로도 유명하다. "가장 큰 손해는 좋은 주식을 너무 일찍 파는 것이다. 오래 보유했으면 수백% 이상의 경이적인 수익을 안겨줄 회사를 팔아치우는 것이다."

이럴 경우 시간이 흐른 뒤에 '그랬구나' 하고 무릎을 치게 된다. 그렇지만 흔들리는 판단을 기계적인 장치를 통해 어느 정도 제어할 수 있는 길은 있다. 주가가 고점에서 일정 수준 내려가면 뒤돌아보지 말고 팔아치우는 전략이다. 때로는 버는 것보다 지키는 것이 중요하다. 벌초의 효과를 생각하면 된다.

한 투자자는 좋은 주식을 사놓으면, 보초를 서는 마음으로 HTS(홈트레이딩시스템)를 바라본다고 한다. 언제 떨어질지 모르기 때문에 화장실도 가지 못한다고 고백한다. 물론 급등주를 매매하는 전문 투자자 얘기다. 이렇게까지는 되지 못해도 손절매 가격을 미리 정해놓는 것이 좋다. 그렇지 않으면 떨어지는 주식을 마냥 바라만보다 매도 타이밍을 놓치고 만다. 그리고 지루한 조정국면 속에서 어둡고 긴 방황의 길을 걷는다. 이때 가장 좋은 방법은 손절가격을 미리 정해놓는 것이다. 그 전에는 매도를 자제하고 계속 지켜본다. 하루 조금 떨어졌다고 하여 매도할 일도 없고, 많이 올랐다고 하여 내려갈 거라는 판단으로 팔 일도 없다. 내가 정한 만큼 주식이 떨어지면 기계적으로 매도하면 된다. 그래야 속이 편하다.

Book in Book

왕초보를 위한 주식투자 ABC

제공 : 대우증권

1. 계좌개설

1.1 지점을 통한 계좌개설

투자의 첫걸음은 계좌개설에서부터 시작됩니다. 아무리 좋은 투자상품도 내 것이 아니라면 그림의 떡으로 끝나겠지요. 그럼 증권사를 통한 계좌개설부터 차근차근 배워볼까요.

◯ 지점계좌개설

구비서류

1. **본인이 본인계좌를 개설하는 경우**
    - 실명확인증표(주민등록증, 운전면허증, 공무원증, 유효기간이 경과되지 않은 여권)
    - 도장(또는 서명)

2. **배우자 또는 직계존비속이 대신 계좌를 개설하는 경우**
    - 도장
    - 대리인 신분증
    - 가족관계임을 확인할 수 있는 서류(주민등록등본, 호적등본)
      - '직계존비속'에는 부모(배우자 부모 포함)와 자식이 해당
      - 형제자매, 사촌은 불인정

3. **기타 가족 및 타인이 대신 계좌를 개설하는 경우**
    - 본인 실명확인증표
    - 도장
    - 대리인 신분증
    - 본인 인감증명서
    - 인감증명서 상의 도장이 날인된 위임장

- 평일 오전 9시 – 오후 4시

1.2 제휴은행을 통한 계좌개설

⬤ 제휴은행 계좌개설

KB국민은행　　기업은행　　농 협　　대구은행　　산업은행
우리은행　　외환은행　　신한은행　　citi 씨티은행　　부산은행

계좌개설

1. **다음의 필요서류를 준비하여 은행창구를 방문합니다.**
   - 본인 : 본인 실명확인증표(주민등록증, 운전면허증 등), 거래인감(서명 가능)
   - 대리인 : 본인 실명확인증표, 대리인 실명확인증표, 거래인감(본인), 인감증명서, 위임장(인감증명서 상의 인감날인)

2. **계좌개설 후, 대우증권계좌번호(135-22-xxxxxxx)가 기재된 은행통장을 수령합니다.**
   - 거래준비 : 사이버트레이딩 전용프로그램 BESTez Qway 설치 후, 전자거래 사용자 ID, 비밀번호를 등록 및 변경합니다.
     - [BESTez Qway / 홈페이지(www.BESTez.COM)에서 등록 및 이용가능]
     - 그런 다음 은행에 예치된 돈을 대우증권계좌로 이체해야만 거래가 가능합니다. 은행계좌와 대우증권계좌 간 이체는 자유롭게 할 수 있습니다. 아래 도표는 기업은행을 예로 들어 설명한 것입니다.
   - (이체)입금 : 은행계좌 ⇒ 대우증권계좌

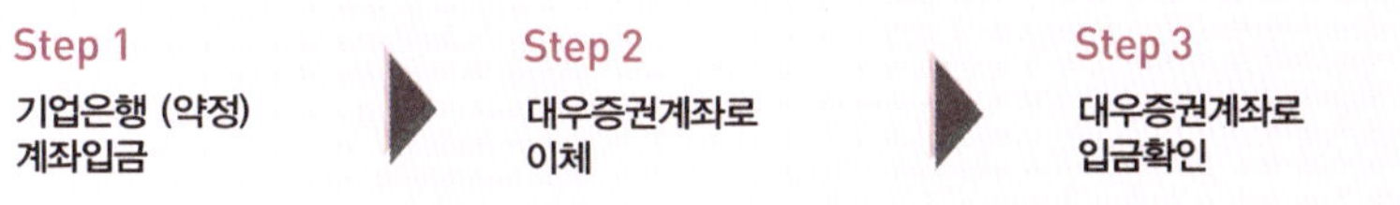

   - BESTez Qway / ez-Trading / 고객지원센터(1588-3322) 이용가능

- (이체)출금 : 대우증권계좌 ⇒ 은행계좌

Step 1		Step 2		Step 3
대우증권계좌 잔고확인	▶	기업은행 (약정) 계좌로 이체	▶	기업은행 (약정)계좌 입금확인

- 사이버트레이딩이나 고객지원센터를 통하여 기업은행계좌로 이체 후 전 은행(창구 및 CD/ATM기)에서 출금 가능
- 증권카드가 발급되지 않으므로 대우증권 영업점에서의 출금은 불가능
- BESTez Qway / 홈페이지(www.BESTez.COM) / ez-Trading / 고객지원센터(1588-3322) 이용가능

- 매매 : 위탁계좌를 통하여 입 · 출금 및 매매(상장주식, 코스닥, 프리보드, 채권, 외화증권 등), 청약(공모주 및 실권주, 코스닥 등록기업, 유무상증자) 등의 거래를 할 수 있습니다.
  - 기타 신용거래, 주가지수선물 · 옵션, 증권저축 등의 거래를 위해서는 증권사 지점을 내방하여 추가로 개별계좌를 신청해야 합니다.

2. HTS 사용법 소개

HTS란 홈트레이딩시스템(home trading system)의 약자로, 투자자가 증권회사에 가거나 전화를 이용하지 않고도 가정이나 직장에서 컴퓨터를 이용해 주식매매 주문을 할 수 있도록 만들어진 시스템입니다. 매매수수료가 저렴하고 인터넷이 연결된 곳이면 어느 곳에서나 거래할 수 있다는 장점이 있어 대부분의 투자자들이 이 프로그램을 이용해 주식에 투자하고 있습니다.

2.1 프로그램 설치하기

○ BESTez Qway 이용안내

시스템 설치 공지 사항

- CPU : 펜티엄 이상(펜티엄 II 이상)
- 메모리 : 64MB 이상 (128MB 이상)
- 운영체제 : 윈도우 98 SE / ME / 2000 / XP
- 하드디스크 : 50MB ~ 100MB 이상 여유
- 통신 : 56Kbps 이상 모뎀 또는 ADSL 등

계좌개설

1 "BESTez Qway 설치프로그램"을 내 컴퓨터에 다운로드 받습니다.

2 다운로드받은 "BESTezQway.exe"를 누르면 다음과 같은 화면이 나타납니다. 파일추출 진행 후 다음 화면으로 자동으로 바뀝니다.

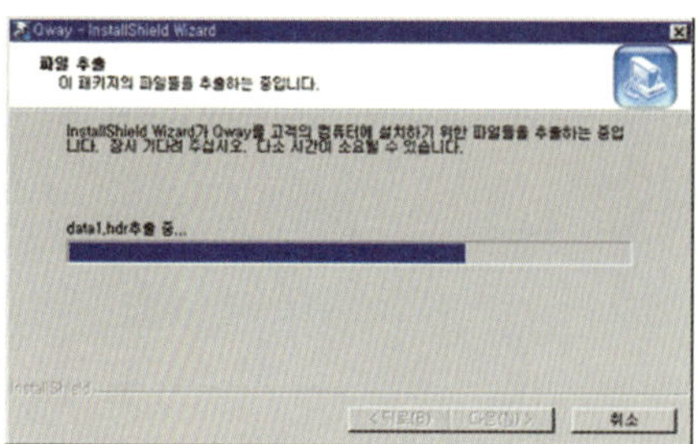

3   BESTez Qway의 설치관리자가 나머지 설치과정까지 안내할 [설치마법사]를 준비하고 있습니다.
    잠시 기다리신 후 [다음(N)] 버튼을 선택하시면 됩니다.

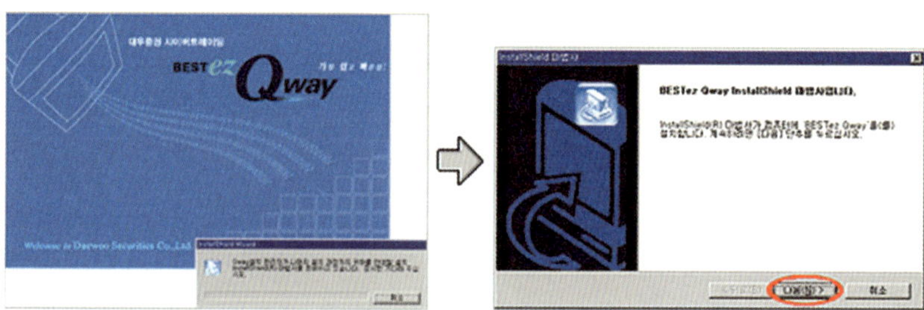

4   BESTez Qway의 프로그램을 설치하는 대상폴더를 선택합니다(대상폴더 선택 시 찾아보기를 이
    용하거나 [다음(N)] 버튼을 선택하면 됩니다).

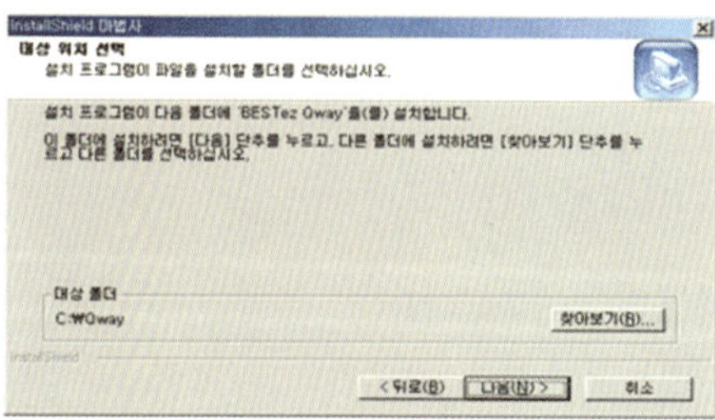

5   BESTez Qway 설치 진행률이 나타나면서 컴퓨터 하드디스크에 저장됩니다.

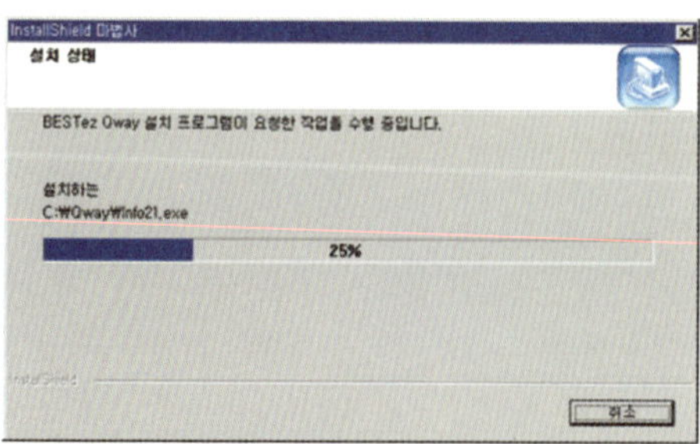

6 BESTez Qway 설정에서 '다음' 버튼을 누른 후 연결방법을 선택한 다음 '설정완료' 를 누릅니다.

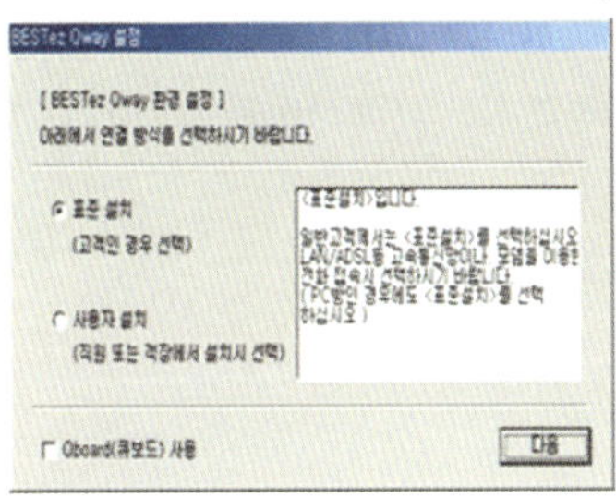

7 완료 버튼을 선택하면 설치가 완료됩니다.

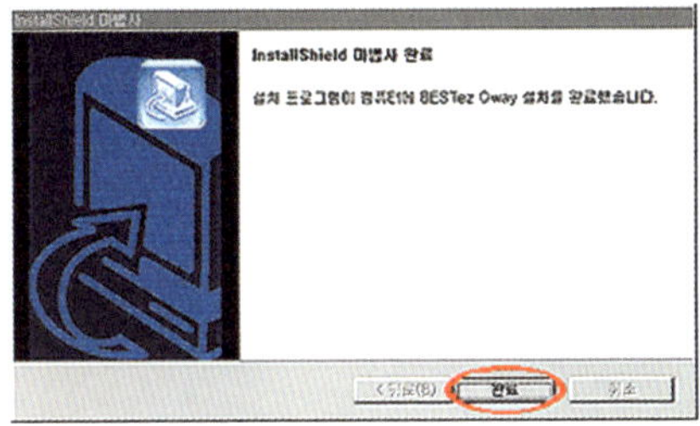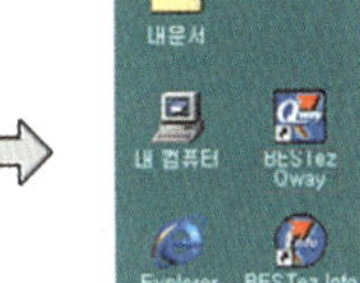

2.2 접속하기

Qway 접속

로그인 화면은 Qway에 접속하기 위한 첫 관문으로 ID 입력란과 공인인증 전자비밀번호 입력란 등이
존재합니다.

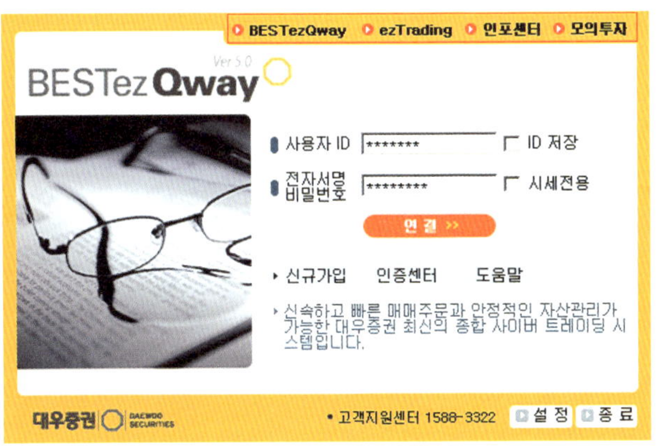

■ 사용방법

① ID는 저장할 수 있습니다. 다만, 안전에 위해가 있을 수 있는 pc방 등에서는 되도록 사용하지 않는 것이 좋으며, 본인만 사용하는 pc가 아니라면 마찬가지로 사용을 자제하는 것이 좋습니다.

② 상단의 '탭' 메뉴에서 원하는 매체를 선택하여 로그인 할 수 있습니다.

③ 하단의 '설정' 버튼을 눌러 연결환경을 설정할 수 있습니다.

④ 입력과 설정이 끝났으면 '연결' 버튼을 누릅니다.

■ 버튼설명

① **신규가입** | 신규가입은 은행에서 계좌를 개설했거나 계좌가 없는 고객이 사용자 ID를 만들 때 사용하는 메뉴입니다.

▶ 자세한 방법은 [은행개설계좌 이용신청] 또는 [계좌 없는 고객이용신청] 도움말 참고.

② 공인인증서를 통해 보다 안전한 거래를 할 수 있습니다.

'인증센터' 버튼을 클릭하면 인증센터 페이지로 연결됩니다.

공인인증서를 발급받아야 Qway 접속이 가능합니다.

▶ 자세한 방법은 [인증센터] 도움말 참고.

③ **도움말** | Qway 도움말을 볼 수 있습니다.

2.3 환경설정하기

설정 1

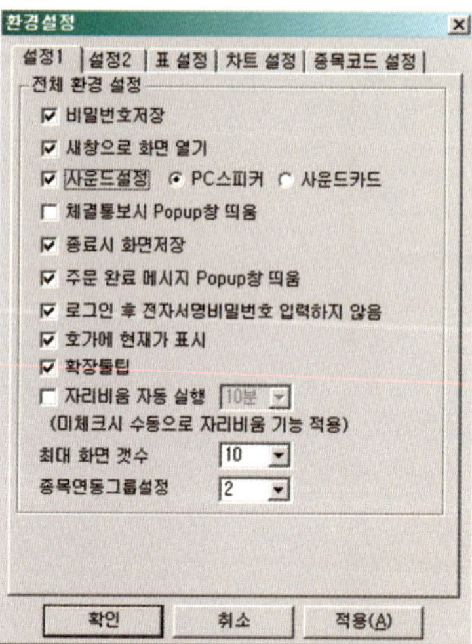

① **비밀번호저장** | 계좌비밀번호를 저장하는 기능입니다. 임의의 화면에서 특정계좌에 대한 비밀번호를 한 번 입력하면, 이후에는 다시 입력하지 않아도 자동으로 로그인됩니다.

② **새창으로 화면 열기** | 화면을 새로 불러올 때 기존에 같은 화면을 이미 보고 있더라도 중복하여 화면이 나오게 하는 기능입니다.

③ **사운드설정** | 체결될 때마다 소리가 나는 기능을 제공합니다. 스피커가 없을 경우 PC스피커를 선택하면 됩니다.

④ **체결통보 시 Popup창 띄움** | 주문을 내어 체결이 되면 자동으로 시황티커창에 해당사항을 알려주는데 이를 체크하면 시황티커창이 Popup되어 보다 분명하게 체결사실을 인지할 수 있습니다.

⑤ **종료 시 화면저장** | 이 기능을 체크하면 Qway를 종료했다가 재로그인 시 직전에 사용하던 화면배열 그대로 사용할 수 있습니다.

⑥ **주문완료 메시지 Popup창 띄움** | 모든 주문화면 실행 시 주문이 완료되었다는 메시지를 Popup하게 됩니다. 이 메시지가 거추장스러울 경우 이 옵션을 해제하면 주문완료 메시지를 Popup시키지 않습니다.

⑦ **로그인 후 전자서명비밀번호 입력하지 않음** | 감독원 규정에 따라 로그인 후에도 주문 시마다 원칙적으로는 전자서명비밀번호를 입력해야 하나 이를 체크하면 로그인 후에는 다시 입력할 필요가 없습니다.

⑧ **호가에 현재가 표시** | 이를 체크하면 선물옵션에서 호가를 볼 수 있는 화면(현재가 등)에 현재가 호가에 굵은 선 표시를 하여 용이하게 현재가를 인지할 수 있습니다. (주식은 적용 안 됨)

⑨ **확장툴팁** | 관심종목이나 실시간 종목검색 등을 보다가 마우스로 종목명에 커서를 가져다대면 종목명 툴팁정보가 나오게 되어 있습니다. 이 정보제공이 거추장스러울 경우 이 옵션을 해제하면 확장툴팁 정보가 나오지 않습니다.

⑩ **자리비움 자동 실행** | 매매를 하다가 부득이하게 이석을 하게 되는 경우, 다른 사람이 고객정보를 취득할 수 있는 위험을 방지하기 위해 사용하는 기능으로 정한 시간 동안 반응이 없는 경우 자동으로 자리비움 상태로 전환됩니다. 전환된 후에는 전자서명비밀번호를 입력해야 정상으로 환원됩니다. 수동을 선택할 경우에는 이석 시 상단 아이콘 표시줄에서 자리비움 아이콘을 클릭하면 됩니다.

⑪ **최대 화면 개수** | 많은 화면을 띄우게 될 때 컴퓨터의 리소스 문제로 인해 컴퓨터가 오작동을 일으킬 수 있습니다. 이를 방지하려면 한 화면영역에서 띄울 수 있는 화면 개수를 제어해야 합니다.

⑫ **종목연동그룹 설정** | 화면 오픈 시 모든 화면의 종목연동그룹 기본값을 미리 설정하는 기능입니다. 화면 상단의 종목연동그룹 설정 아이콘을 매번 변경할 필요 없이 화면이 열릴 때마다 환경설정에서 설정한 종목연동그룹으로 오픈됩니다.

2.4 현재가 및 지수조회

종목시세

주식현재가 [1111]

개별종목의 현재가 및 우선호가를 실시간으로 제공하며 해당 종목의 주권변동사항,

업종구분, 결산월, 액면가, 외국인 매매동향 등을 볼 수 있습니다.

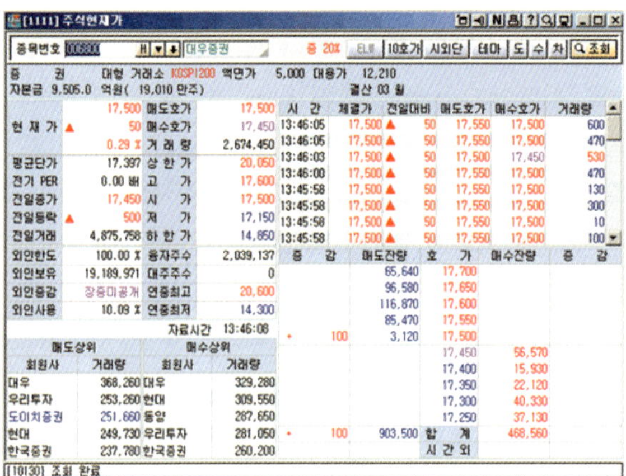

화면 설명

- **사용방법**

    ① **종목번호 및 종목명 입력** | 종목코드란에 종목번호 및 종목명을 입력하면 해당 종목의 시세
    를 실시간으로 조회할 수 있습니다.

    ② 화면 상단(공통출력부)에는 기본적인 주권내역(소속부, 자본금 규모, 전산종목 여부,
    KOSPI200/kosdaq50지수 채용 여부, 이상급등/관리/투자유의 종목구분, 액면가, 장마감 여
    부 등)이 표시됩니다.

    ③ 상장주식 및 코스닥 종목에 대하여 한 화면에서 조회가 가능합니다.

    ④ 당일 외국인들의 한도, 보유현황 등 외국인들의 투자상황을 볼 수 있습니다.

    ⑤ 매도 및 매수 상위 5개 증권사 거래량 현황을 한눈에 볼 수 있습니다.

    ⑥ 마우스의 오른쪽 버튼을 누르면 해당 화면과 연관된 연결 화면들이 나오며, 이때 연결하고자
    하는 화면에 대하여 'My 연결 메뉴 설정'을 누른 후 연결화면을 등록하여 연결화면을 구성
    할 수 있습니다.

⑦ 오른쪽 하단의 실시간 체결가의 체결량은 매수 시 빨간색, 매도 시 파란색으로 표시됩니다.

■ 참조

① **대용가** | 채권을 담보로 제공할 경우 그 근거를 제공하기 위해 증권거래소에서 산정한 가격으로 시세의 70% ~ 80% 기준에서 책정됩니다.

② **액면가** | 주식 또는 사채의 권면에 기재되는 금액을 말합니다. 현재 우리나라의 경우, 액면의 최고 한도는 신규 발행주식의 경우 5,000원이며, 사채는 10,000원 이상으로 발행하도록 되어 있습니다.

■ 10호가 변환

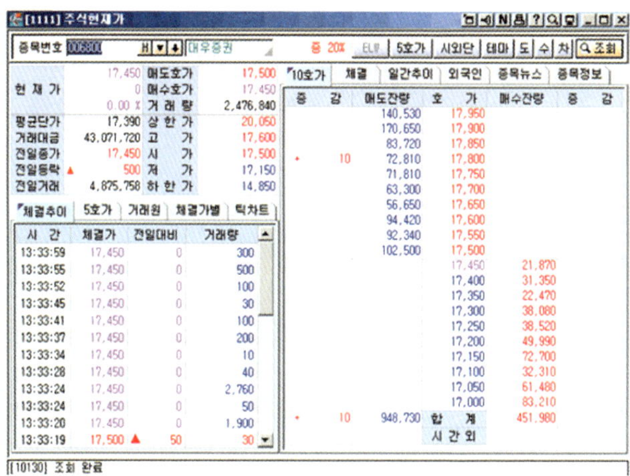

① 상단의 10호가 버튼을 클릭하면 그림처럼 10호가 현재가 화면으로 바뀝니다.
② 다시 5호가 버튼을 클릭하면 원래 화면으로 돌아갑니다.
③ 10호가 화면의 경우 왼쪽 하단에는 체결추이, 5호가, 거래원, 체결가별추이, 틱차트로 이루어졌으며, 오른쪽 큰 탭에는 10호가, 체결, 일간추이, 외국인추이, 종목뉴스, 종목정보로 이루어져 있습니다.

■ 주문 슬라이딩

① 5호가/10호가에 상관없이 호가를 더블클릭하면 주문 슬라이딩창이 보이며 바로 주문화면[5111]으로 해당 호가를 주문단가로 하여 주문할 수 있도록 도와줍니다.

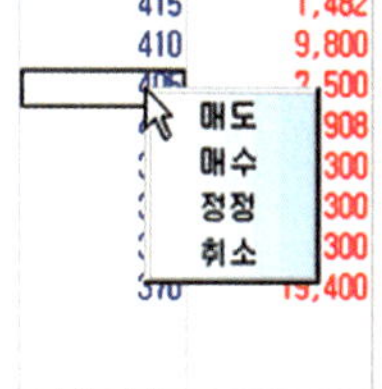

업종별 지수

종합주가지수 [1151]

종합주가지수(코스닥지수 및 테마지수 구분)와 전일대비 종합지수 및 거래량을 30초, 1분, 10분 간격으로 텍스트 및 그래프를 동시에 조회하여 시장 전체를 분석할 수 있습니다.

화면 설명

① **시장구분 및 업종코드** | 시장구분에 상장/코스닥/테마지수를 선택할 수 있으며 업종코드를 선택하여 지수를 조회할 수 있습니다.

② **기간** | 분석에 용이하도록 30초, 1분, 10분 간격으로 선택(콤보박스(↓)에서 선택)할 수 있습니다.

③ 공통부의 정보는 해당 지수의 전일지수 및 52일간의 최고지수/거래량이 조회됩니다.

④ 그래프버튼을 누르면 종합지수차트의 화면이 조회되며, 다시 텍스트를 선택하면 원상태의 화면으로 돌아옵니다.

2.5 주문하기

현금주문 [5111]

매수금액(매도수량)의 일정금액을 융자받는 신용(대주)주문과 달리 보유자산만으로 매매대금을 결제하

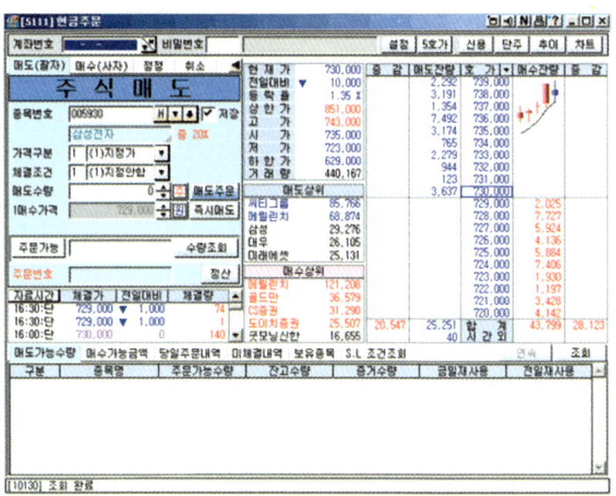

는 주문입니다. 주문내역과 체결/미체결, 보유잔고의 흐름은 모두 실시간으로 이루어집니다.

■ 주요특징사항

① 당일주문내역, 미체결내역, 보유종목의 실시간조회

② 미체결내역 일괄취소

③ 기본주문에서 미니주문으로의 변환버튼

④ 리사이징

⑤ 호가별 등락률 표시

⑥ 체결가 추이 드롭다운

⑦ 10호가 조회

⑧ 5일봉 조회

■ 주요기능활용

주문, 시세(현재가, 호가, 체결가추이), 계좌잔고(매도가능수량, 매수가능금액, 당일주문내역, 미체결내역, 보유종목)를 한 화면에서 볼 수 있습니다. 즉, 주문 종합화면이라 할 수 있습니다.

① 매도화면을 선택할 경우 매도가능수량 화면이 자동조회됩니다.

② 매수화면을 선택할 경우 매수가능금액 화면이 자동조회됩니다.

③ 현재가에 해당되는 호가를 박스처리하여 현재가의 위치를 보다 쉽게 눈으로 확인할 수 있습니다. (환경설정에서 제어가능)

④ 종목번호 옆에 'H' 버튼을 클릭하면 방금 전 조회한 종목이 순서대로(10종목까지)표시됩니다.

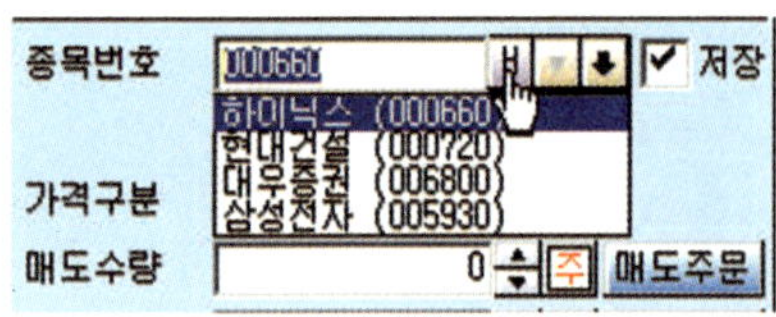

⑤ 정정, 취소주문을 선택할 경우 미체결 주문내역 화면이 자동조회됩니다.

⑥ 화면 상단의 신용, 단주, 추이, 차트 버튼을 클릭하여 신용주문, 단주주문, 조회종목의 일별 주가추이 및 차트를 조회할 수 있습니다.

⑦ 10호가 버튼을 클릭하면 10호가와 거래원이 함께 표시된 주문화면으로 바뀝니다.

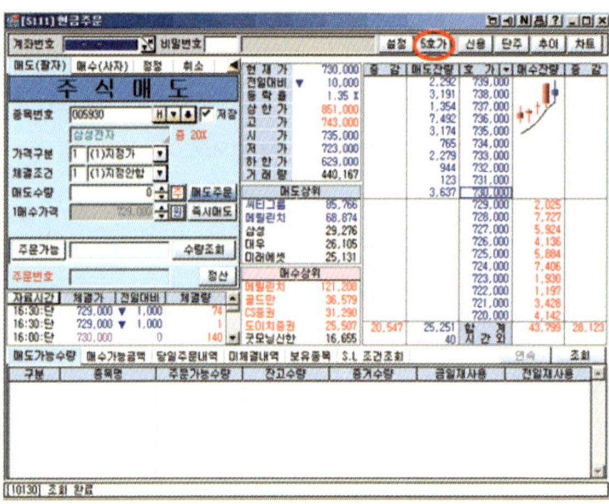

⑧ 매도화면에서 매도가능수량을 조회하고 수량을 두 번 클릭하면 주문화면에 수량이 자동 입력되고 매수화면에서 매수가능수량을 조회하고 수량을 두 번 클릭하면 주문화면에 수량이 자동 입력됩니다.

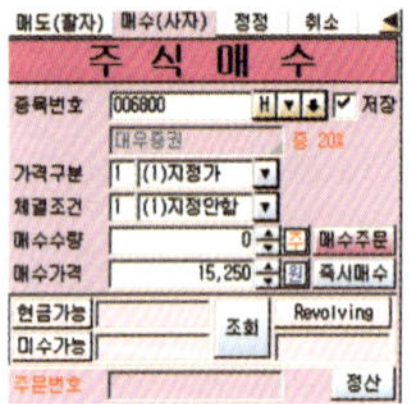

⑨ 종목번호 옆에 있는 '저장'을 체크하면 모든 주문화면(매도, 매수, 정정, 취소)에 종목번호가 연결됩니다.

　☞ 입력한 종목번호가 다른 화면에서도 입력 없이 수량과, 가격만 입력하면 되므로, 단일 종

목으로 매매할 경우 용이합니다. 즉, 매도주문에서 대우증권을 선택한 후 저장을 선택하고 매수, 정정, 취소화면으로 이동하면 대우증권이 입력되어 있습니다. 저장 선택을 취소하면 종목번호 연결기능이 해제됩니다.

⑩ 화면하단의 계좌잔고(매도가능수량, 매수가능금액, 당일주문내역, 미체결내역, 보유종목)내역 중 종목번호가 나오는 부분을 클릭하면 주문화면에 종목번호와 종목명이 자동 입력되면서 시세가 조회됩니다.

⑪ 종목번호 입력 시 제공되는 시세에서 제공하는 가격부분 즉, 현재가, 5호가(10호가), 금일상한, 금일하한, 시가, 고가, 저가를 두 번 클릭하면 가격이 자동 입력됩니다.

⑫ '즉시주문' 버튼을 누르면 주문 입력 후 확인 절차를 거치지 않고 바로 주문이 나가기 때문에 주문의 속도는 빨라지지만 본인의 신중한 선택이 요구됩니다.

⑬ '정산' 버튼을 누르면 입력한 매수/매도 금액에 대한 수수료를 미리 확인할 수 있습니다.

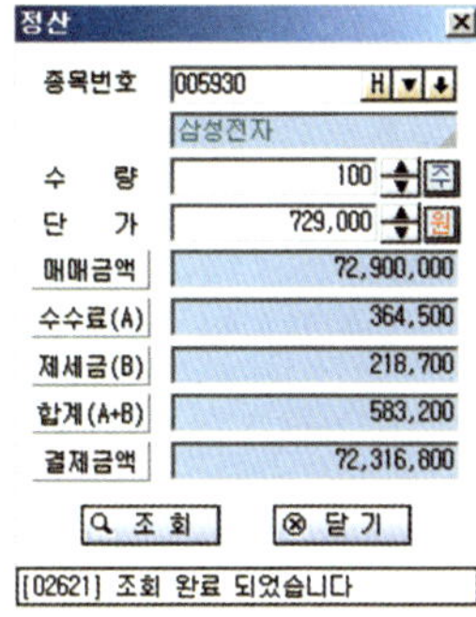

2.5 주문하기

1. 주식현금 매도/매수 주문 사용방법

① **계좌번호** | '22' 위탁계좌, 증권저축계좌('50' 번대), 생계형저축계좌('60') 중 본인이 거래를 원하는 보유 계좌번호를 선택합니다. 단, 주문계좌 등록이 되어 있지 않으면 주문이 불가능합니다.

② **비밀번호** | 비밀번호를 입력하면 계좌명이 조회됩니다.

③ **종목번호** | 종목번호(숫자 5자리)를 입력하면 종목명이 조회됩니다.
종목번호를 모르는 경우 종목명(한글이나 영문) 입력만으로도 선택이 가능합니다.

④ **가격구분(매매구분)**

☞ 가격구분

  ㉠ 지정가 주문 : 특정한 가격을 지정하여 그 가격 또는 그보다 더 유리한 가격으로 매입 또는 매도할 것을 지시하는 주문방법입니다.

  ㉡ 조건부지정가 주문 : 지정가호가 형태로 종가 결정 전까지 매매체결 되지 않는 경우 미체결잔량이 시장가호가로 전환되어 종가 결정에 참여하는 조건부 형태의 주문으로, 조건부 지정가호가는 종가 결정 시에 별도의 정정이나 취소 절차 없이 자동으로 시장가호가로 전환처리됩니다.

  ㉢ 시장가 주문 : 가장 유리한 가격 조건 또는 시장에서 형성되는 가격으로 매매체결을 원하는 주문형태로 위탁자가 주문가격을 명시하지 않으며, 매매는 지정가 주문에 우선하여 체결됩니다.

  ㉣ 최유리지정가 : 상대(매수인 경우는 매도호가)의 최우선호가 가격의 지정가호가로 자동 주문되는 주문형태입니다.

  ㉤ 최우선지정가 : 동일방향(매수인 경우는 매수)의 최우선호가 가격의 지정가호가로 자동 주문되는 주문형태입니다.

☞ 조건을 부여한 주문허용

  ㉠ IOC 주문 : 주문실행 즉시 체결되고 잔량은 취소되는 주문입니다.

  ㉡ FOK 주문 : 전량 체결이 되지 않으면 전량 취소되는 주문입니다.

  ㉢ IOC 주문 및 FOK 주문은 지정가, 시장가, 최유리 지정가 주문의 경우에 부여됩니다.

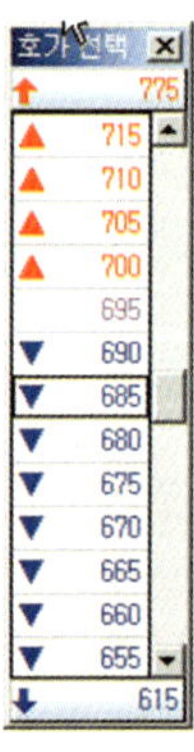

⑤ **주문수량** | 단주매매 가능 종목은 단주로도 입력이 가능합니다.

⑥ **주문가격** | 화면에서 '원'을 클릭하면 입력한 종목번호의 현재가 기준으로 상하한가 시세가 나옵니다.

[Tip]

☞ 호가단위

  ㉠ 상장주식매매 주권가격 호가단위

    5,000원 미만 5원

5,000원 이상 10,000원 미만 10원

10,000원 이상 50,000원 미만 50원

50,000원 이상 100,000원 미만 100원

100,000원 이상 500,000원 미만 500원

500,000원 이상 1,000원

ⓛ 코스닥매매 주권가격 호가단위

5,000원 미만 5원

5,000원 이상 10,000원 미만 10원

10,000원 이상 50,000원 미만 50원

50,000원 이상 100원

☞ 가격 제한폭

㉠ 상장주식 매매 : 15% 정률제 적용(주권, 외국주식예탁증서와 수익증권)

ⓛ KOSDAQ 매매 : 15% 정률제 적용

⑦ 매도/매수 가능수량

㉠ 매도 가능수량

(잔고수량 + 금일매수수량 + 전일매수수량) − (금일매도수량 + 전일매도수량)

ⓛ 현금매수 가능수량

미수가 발생하지 않는 주문 가능수량으로 주문 가능 현금에 수수료, 제세금 등 제반비용
등을 차감한 금액을 주문단가로 나누어 계산합니다.

ⓒ 최대 매수 가능수량

미수를 포함한 최대주문 가능수량으로 주문 가능 금액과 재사용 금액에 종목별 증거금율
을 감안한 금액을 주문단가로 나누어 계산합니다.

2. 주식현금 정정/취소 주문 사용방법

① **계좌번호** | '22' 위탁계좌, 증권저축계좌('50' 번대), 생계형저축계좌('60') 중 본인이 거래를
원하는 보유 계좌번호를 선택합니다. 주문계좌 등록이 되어 있지 않으면 계좌번호가 조회되
지 않습니다.

② **비밀번호** | 비밀번호를 입력하면 계좌명이 조회됩니다.

③ **수량구분** | '원주문수량' 에 대하여 전부 정정 시 '전부' 를, 일부 정정 시 '일부' 를 선택합니다.

④ **종목번호** | 해당 종목번호 숫자 5자리를 입력하면 종목명이 조회됩니다.

⑤ **원주문번호** | 정정하고자 하는 원주문의 주문번호

⑥ **정정수량** | 일부 정정 시에는 원주문수량(또는 잔량)에 대하여 정정하고자 하는 만큼의 수량
을 입력하고, 전부 정정 시에는 정정수량을 입력하지 않습니다.

⑦ **정정가격**

㉠ 상장주식의 경우 : 원주문 종목의 전일종가 기준으로 상하한폭(±15%) 가격 내의 호가를 입력합니다.

㉡ KOSDAQ종목의 경우 : 원주문 종목의 전일종가 기준으로 상하한폭(±12%) 가격 내의 호가를 입력합니다.

⑧ 취소주문의 경우 정정주문에서 가격입력부분이 삭제됩니다. 취소주문은 이미 낸 주문 중 일부나 전부를 취소하는 화면이므로 가격 입력은 필요하지 않습니다.

3. 기타

① 정정주문에서는 가격과 수량 모두 정정이 가능하지만, 취소주문에서는 수량만 취소 가능합니다.

② 전부 정정 시 원주문 수량에서 이미 체결된 수량이 있으면 그 수량만큼 차감된 나머지 수량에 대해서만 정정주문을 낼 수 있습니다.

③ 정정주문 입력 중이거나 완료 전에 주문이 이미 전부 체결된 정정주문은 주문을 거부합니다.

④ 정정주문 시 증거금은, 원주문 단가보다 높게 정정하는 경우에는 그 차액만큼을 더 징수하고, 낮게 정정하는 경우에는 정정 확인 시 차액만큼 증거금이 해지됩니다.

⑤ 정정주문 및 취소주문에 대한 '정정확인', '취소확인'을 '당일주문내역'에서 반드시 확인하는 것이 좋습니다.

⑥ 사이버 매체를 이용해 정정주문을 할 경우에는 사이버 수수료가 적용되며, 지점에서 정정주문을 낼 경우는 오프라인 수수료가 적용됩니다.

잔고조회 – 위탁/증권저축

위탁/저축 투자수익률조회 [6118]

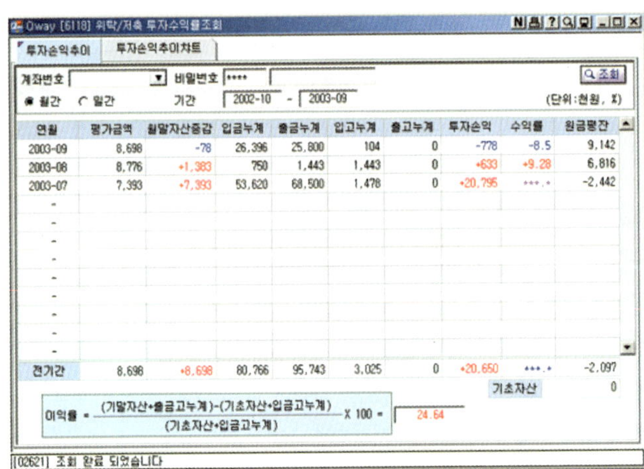

연월	평가금액	월말자산증감	입금누계	출금누계	입고누계	출고누계	투자손익	수익률	원금평잔
2003-09	8,698	-78	26,396	25,800	104	0	-778	-8.5	9,142
2003-08	8,776	+1,383	750	1,443	1,443	0	+633	+9.28	6,816
2003-07	7,393	+7,393	53,620	68,500	1,478	0	+20,795	***.*	-2,442
전기간	8,698	+8,698	80,766	95,743	3,025	0	+20,650	***.*	-2,097

1. 월간 투자수익률

월별 위탁(계좌번호 가운데 2자리가 "22")계좌와 증권저축(계좌번호 가운데 2자리가 "50~60")계좌의 체결기준 기초자산(일정 기간의 처음의 예탁자산)과 기말자산(일정 기간의 끝의 예탁자산)을 비교하여 해당기간의 계좌수익률을 조회하는 화면입니다.

① 평가금액 : 각 유가증권별 월간 평가금액입니다.

② 월말자산증감 : 월초 대비 월말 자산이 증가한 금액입니다.

③ 입금(출금)누계 : 해당 기간의 매매에 따른 결제를 제외한 순수한 입금(출금)을 합한 금액입니다.

④ 입고(출고)누계 : 해당 기간의 매매에 따른 결제를 제외한 순수한 입고(출고)를 합한 금액입니다.

⑤ 기초자산 : 조회의 기준이 되는 가장 처음의 예탁자산을 뜻합니다.

⑥ 투자손익 : (기말자산+출금고누계)-(기초자산+입금고누계)

⑦ 이익률 : [(투자손익/(기초자산+입금고누계)]X100

⑧ 수익률 : [(투자손익/원금평잔)]X100

⑨ 전 기간 월간수익률 : 해당 전 기간의 입출금고의 적수계산을 통하여 산출한 전체기간에 대한 수익률입니다.

2. 일간 투자수익률

일별 위탁(계좌번호 가운데 2자리가 "22")계좌와 증권저축(계좌번호 가운데 2자리가 "50~60")계좌의 체결기준 초일평가금액(일정 기간의 처음의 평가금액)과 말일평가금액(일정 기간의 끝의 평가금액)을 비교하여 해당 기간의 일별 계좌수익률을 조회하는 화면입니다.

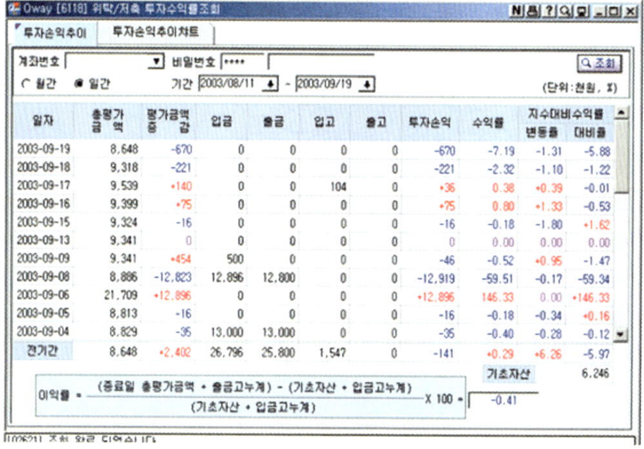

① 총평가금액 : 해당 일자의 예수금과 보유 유가증권을 평가한 금액입니다.

② 평가금액증감 : 당일 총평가금액–전일 총평가금액입니다.

③ 입금(출금) : 해당 일자의 매매에 따른 결제를 제외한 순수한 입금(출금)을 합한 금액입니다.

④ 입고(출고) : 해당 일자의 매매에 따른 결제를 제외한 순수한 입고(출고)를 합한 금액입니다.

⑤ 투자손익 : 당일 총평가금액–전일 총평가금액–순입금고(소계)입니다.

⑥ 수익률 : (투자손익/전일 총평가금액 + 당일 입금고) x 100

⑦ 지수대비 수익률 : KOSPI 지수의 변동률과 해당 변동률에 대한 해당 고객 일간 수익률과의
대비를 보여줍니다.

– 변동률 : 당일 KOSPI의 전체 등락률

– 대비 : 당일 계좌수익률 – 변동률

⑧ 전기간 수익률 계산 : 시간에 따른 수익률 과대 또는 과소평가를 없애고 최적화된 수익률 제
공을 위하여 전기간 일간 수익률은 시간가 중 수익률로 제공됩니다.

[(1+시작일의 수익률)X(1+시작일+1일의 수익률)X......X(1+마지막일자의 수익률)]–1

3. 투자손익 추이차트

일자별 비교지수와 일간수익률의 누적비교 차트를 보여줍니다.

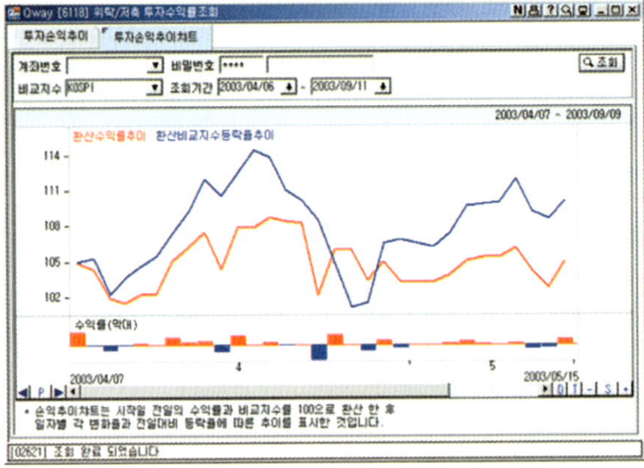

① 총평가금액 : 해당 일자의 예수금과 보유유가증권을 평가한 금액입니다.

② 평가금액증감 : 당일 총평가금액–전일 총평가금액입니다.

2.8 차트 분석

분석차트2 [2201]

봉차트가 자동으로 그려져 조회버튼을 누르지 않아도 실시간으로 갱신되며, 기간(틱/분/일/주/월)설정
및 연속 종목조회가 가능한 차트화면입니다.

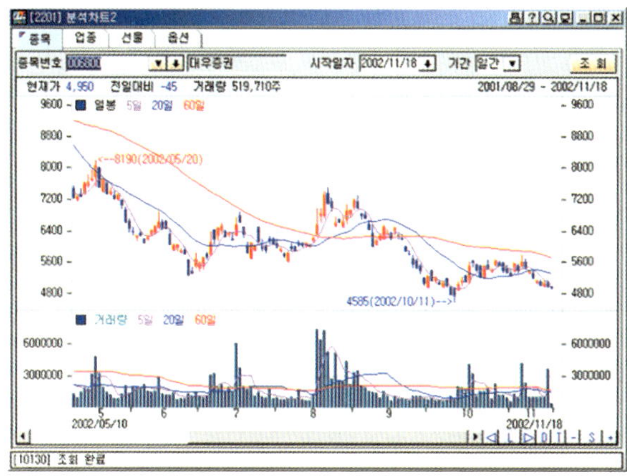

1. 차트기능설명(이동평균 추가 및 일자변경 기능)

    ① 그래프 내의 파란 작은 사각형을 클릭하면 이동평균을 최대 5개까지 열 수 있습니다.

    ② 기본 설정으로 되어 있는 5일, 20일, 60일 글자를 클릭하여 이동평균일자를 본인이 원하는 날
    짜로 변경이 가능하며, 컬러(color) 및 선의 형태를 변경할 수 있습니다.

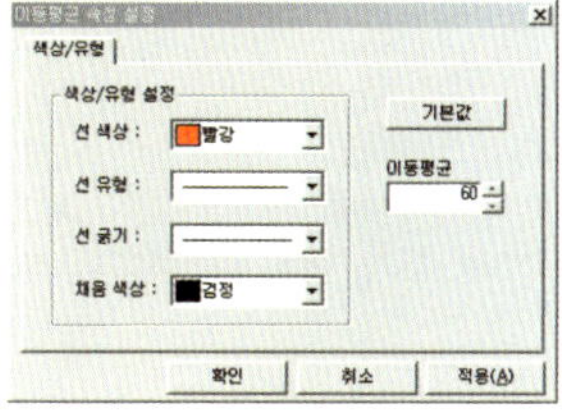

2. 화면 내 마우스 오른쪽 선택으로 기능선택

① 실행환경저장 : 이동평균을 변경하고 실행환경 저장을 하면 다음부터는 본인이 원하는 설정으로 화면을 조회할 수 있습니다.

② 지표추가 : 원하는 지표를 추가하여 화면에서 볼 수 있습니다.

③ 지표전환 : 해당 영역의 지표를 다른 지표로 전환하는 기능입니다.

④ 차트툴 : 차트툴 선택으로 추세선, 저항선, 십자선 등 차트툴을 선택할 수 있습니다.

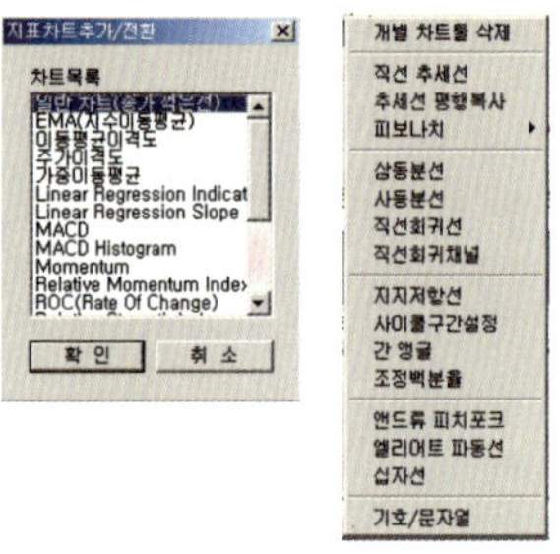

⑤ 모든 차트툴 삭제 : 화면 내 그려진 차트툴을 삭제하는 기능입니다.

⑥ 데이터 윈도우 : 데이터 윈도우 창을 띄우고 마우스로 차트 그래프를 선택하면 정보를 창에 보여주는 기능일자, 시가, 고가, 저가, 종가, 이동평균, 거래량, 거래량 이동평균 등의 데이터를 상세하게 조회할 수 있습니다.

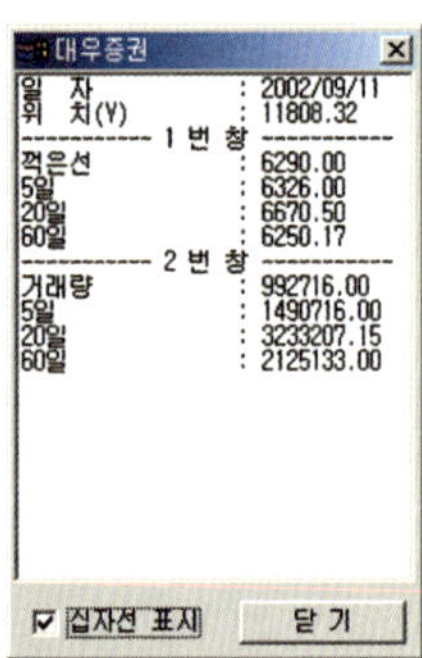

⑦ 텍스트 윈도우 : 텍스트 윈도우창을 띄우면 일자별 시가, 고가, 저가, 종가, 이동평균, 거래량, 거래량 이동평균을 조회할 수 있습니다.

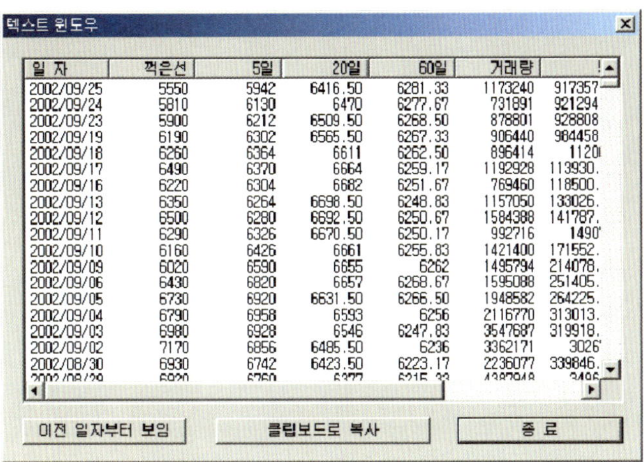

① 이전 일자부터 보임 기능 : 데이터를 과거 일자부터 혹은 최근 일자부터 볼 수 있는 기능입니다.

  '이전 일자부터 보임' 기능을 누르면 자동으로 최근 일자부터 보임으로 버튼명이 변경됩니다.

② 데이터를 클립보드로 복사 기능 : 버튼을 누른 후 엑셀화면을 띄우고 오른쪽 마우스를 누른

  후 붙여넣기를 선택하면 텍스트 윈도우에 있는 데이터가 엑셀파일에 들어갑니다.

③ 텍스트 윈도우 종료 기능 : 화면을 닫는 기능입니다.

왕초보를 위한 **한국형 주식재테크**

지은이 | 남궁덕
펴낸이 | 김경태
펴낸곳 | 한국경제신문 한경BP

제1판 1쇄 발행 | 2007년 1월 20일
제1판 2쇄 발행 | 2007년 3월 10일

주소 | 서울특별시 중구 중림동 441
기획출판팀 | 3604-553~6
영업마케팅팀 | 3604-561~2, 595 FAX | 3604-599
홈페이지 | http://www.hankyungbp.com
전자우편 | bp@hankyung.com
등록 | 제 2-315(1967. 5. 15)

ISBN 89-475-2589-8
값 11,000원